LA FRANCE

TROMPÉE

PAR LES MAGICIENS

ET DÉMONOLATRES

DU DIX-HUITIÈME SIÈCLE.

***LIVRES** qui se trouvent chez* **GRÉGOIRE**, *libraire, rue du Coq-St.-Honoré, n°.* 135 bis.; *et chez* **THOUVENIN**, *libraire, quai des Augustins, n°.* 44.

HISTOIRE naturelle de Pline, traduit en français, avec le texte latin; par Poinsinet de Sivry, 12 vol. in-4°., brochés, nouvellement acquise du fonds de mad^e. veuve Desaint, au lieu de 120 liv. 108 liv.

Idem, reliés en veau, 144 liv.

Les tomes XI et XII se vendent séparément 10 liv. le volume. 10 liv.

Concordance systématique servant de table des matières à l'ouvrage de Réaumur, sur les insectes; par J. N. Vallot, professeur d'histoire naturelle, in-4°., brochés, 5 liv.

OEuvres de Montesquieu, 5 vol. in-4°., grand papier vélin, figures, en feuilles, 168 liv.

Supplément aux éditions in-8°., brochés, 3 liv. 12 sous.

Idem, in-12, 2 liv. 10 sous.

OEuvres de J. J. Rousseau, 37 vol. in-12, avec figures. Paris 1793, brochés et étiquetés, 72 liv.

Éloge de J. J. Rousseau, in-8°., 1 liv. 5 sous.

Idem, in-12, 1 liv.

Essais sur les mœurs, ou point de constitution durable sans mœurs, in-8°., brochés, 1 liv. 16 sous.

Le Maître italien, de Vénéroni, avec le vocabulaire. Paris 1792, in-12, reliés, 3 liv. 12 sous.

Satyres de Perse, de Sélis, in-8°., reliés, 6 liv.

Recherches sur les causes qui ont empêché les Français de devenir libres; par Monnier, 2 vol. in-8°., brochés, 6 liv.

Romans comiques de Scarron, 3 vol. in-12, petit papier, reliés, 7 liv. 10 sous.

Vie de Jean-Bart, chef d'escadre, in-12, brochés, 1 liv.

OEuvres de M. de Laharpe, 6 vol. in-8°., brochés, 27 liv.

La France trompée par les magiciens et démonolatres, du 18me. siècle; par M. l'abbé Fiard, in-8°, brochés. 1 liv. 16 sous, et franc de port 2 liv. 10 sous.

Lettres philosophiques sur la magie; par le même, in-8°., brochés. 1 liv. 5 sous, et franc de port 1 liv. 15 sous.

Abrégé de l'histoire du théâtre français; par le chevalier de Mouhy, 3 vol. in-8°., brochés, 7 liv. 10 sous.

On trouve également un assortiment de bons livres dans tous les genres, et les bonnes éditions.

LA FRANCE

TROMPÉE

PAR LES MAGICIENS

ET DÉMONOLATRES

DU DIX-HUITIÈME SIÈCLE,

FAIT DÉMONTRÉ PAR DES FAITS;

Par M. l'Abbé FIARD.

« Il serait insensé de ne pas croire que quelquefois les « Démons entretiennent avec les hommes de ces » commerces qu'on nomme Magie. » (*Encyclopédie.*)

« Il est certain que les philosophes les plus incrédules » et les plus subtils, ne peuvent n'être pas embarassés » des phénomènes qui regardent la Sorcellerie. »

(BAYLE.)

A PARIS,
Chez GRÉGOIRE, libraire, rue du Coq-St.-Honoré, n°. 135,
Et chez THOUVENIN, libraire, quai des Augustins, n°. 44.

L'an dernier du 18e. siècle, imprimé l'an 3 du 19e.
(1803.)

On trouve chez les mêmes libraires *les Lettres philosophiques sur la Magie*, édition corrigée, et augmentée d'une lettre en réponse à Mr. Delaharpe, en date de 1797. Elles sont de même format et mêmes caractères que le présent ouvrage, et peuvent se réunir en un volume de 340 pages.

SOMMAIRE.

N. B. On ne parle pas ici des Ventriloques du jour. Ils ne sont, pour la plupart, que singerie et couverture du Ventriloque de Paris, de 1770, lequel résidait à St.-Germain-en-Laye. Tout homme qui pense, lecture faite de la discussion que nous plaçons ici, sera convaincu de cette vérité : que si l'on prétend prouver, et si l'on prouve que l'opération des Ventriloques modernes est entièrement la même que celle du Ventriloque de 1770, alors elle doit être donnée au même principe. C'est ce dont encore tout lecteur attentif sera convaincu.

A Dijon, de l'Imprimerie de Carion, rue de la Liberté, n°. 895.

ERRATA.

Page 56, ligne 19, *effacez* sur, *et lisez* : soit le baquet et les autres pièces.

Page 33, ligne 19, *lisez* : pareilles.

Les couplets qui sont aux pages 125 et 126 ayant été imprimés sur une copie peu exacte ; il y a plusieurs fautes. La plus grave est à la ligne 9, de la page 127, *au lieu de* : Noé, etc. ; *lisez* : Loth alors qu'il s'enivra.

Page 176, à la fin de la ligne 5, il y a une omission qui pourtant se trouve réparée dans plusieurs exemplaires ; après ces mots : pour nous crever les yeux, *ajoutez* : pour tuer ensuite nos ames et nos corps.

LA FRANCE

TROMPÉE

PAR LES MAGICIENS

ET DÉMONOLATRES

DU DIX-HUITIÈME SIÈCLE,

FAIT *DÉMONTRÉ PAR DES* FAITS.

CET ouvrage succinct est une suite nécessaire, et pour ainsi dire, le complément de plusieurs autres pièces fugitives, tant manuscrites qu'imprimées depuis 1775 jusqu'à ces dernières années, sur la réalité du crime de *Magie*, et l'existence de certains hommes et femmes qui ont commerce avec les Démons auxquels ils rendent un culte.

Cette espèce d'êtres qu'autrefois on appelait fort improprement et fort ridiculement *Sorciers*, on doit les nommer *Démonolâtres*. C'est là le vrai nom qui leur convient, et c'est celui que nous leur donnons.

Un mois et demi avant le 18 fructidor an 5, il fut envoyé à M. *Delaharpe* un

A

imprimé très-court, où l'on démontre qu'une autorité à laquelle ce respectable citoyen fait profession ouverte de croire aujourd'hui, croit elle-même à la réalité et à l'existence de ces hommes.

C'était là tout ce qu'on s'était proposé de lui prouver à ce moment, et on l'a prouvé jusqu'à l'évidence.

M. *Delaharpe* a demandé plus. Dans une lettre responsive à l'auteur de l'imprimé, qui l'avait de nouveau sollicité de parler sur cette matière, dans son *Mémorial*, lettre datée *Paris, 30 juillet 1797*, il convient de la réalité de la *sorcellerie*, il avoue que l'*église* reconnaît cette réalité; il devait reconnaître aussi que c'était là tout ce que la brochure avait prétendu prouver, et il ajoute ces paroles remarquables pour plus d'une raison : « c'est ce que personne » ne conteste parmi les Chrétiens »; mais après ces aveux que lui prescrit la vérité, M. *Delaharpe* n'est pas encore content; il demande des *faits*.

« La Magie, dit-il dans sa lettre, est une » chose *de fait*. Les Sorciers se font con- » naître par des actes surnaturels, et qui » prouvent la puissance du Démon, celle » que Dieu veut bien lui laisser, et qui,

» quoique très-bornée, est supérieure à la » nôtre. Il faudrait donc ici des preuves *de* » *fait*, des actes qui prouvassent un pouvoir » surnaturel. »

C'est sur ce point que nous allons le satisfaire. Nous allons *démontrer* que depuis nombre d'années, *Paris*, *Versailles*, et toute *la France* ont vu *des faits* qui ne peuvent être attribués qu'au pouvoir des Démons, et à la communication de certains hommes avec les esprits méchans; qu'à cet égard la *France* a été horriblement *trompée*, et qu'on n'avait d'autre objet en la trompant, que d'amener sur elle avec sécurité, le déchaînement de ces Démons et le déluge de maux qui a abymé la nation, et la perdra de nouveau, si enfin elle n'ouvre les yeux.

Il en est de ces *faits* que demande M. *Delaharpe*, il en est en si grand nombre, que nous ne sommes embarrassés que du choix. Pour atteindre à la brièveté que nous nous proposons, nous choisissons les plus marquans, ceux qui ont eu le plus d'éclat.

En 1772, il parut à Paris un livre intitulé le *Ventriloque* ou l'*Engastrimythe*, dont l'auteur était un M. l'abbé *de la*

Chapelle, censeur royal, de l'académie de Lyon, de celle de Rouen, et de la société royale de Londres.

Le but que se propose cet ecclésiastique, c'est celui qu'a très-bien vu et fortement contrarié le célèbre docteur-médecin *de Haen*, dans son traité *de Magiâ*, inséré dans le *Ratio medendi* qu'il a donné en 1778, en huit volumes, de l'imprimerie de *Didot*; c'est de tourner en ridicule ceux qui croient aux opérations de la *Magie diabolique*, et de conclure et faire conclure que jamais il n'y eût de *Démonolâtres* ou de *Sorciers*.

Pour arriver à ce but, avant de mettre la dernière main à son livre, M. *de la Chapelle* amène à Paris, en pleine académie des Sciences, le 22 décembre 1770, un M. *Saint-Gille*, Md. épicier à St.-Germain-en-Laye, et ce M. *St.-Gille* est un homme qui a le talent d'articuler des paroles très-distinctes, « la bouche bien fermée et les lèvres bien » closes » (pages 17 et 422 du *Ventriloque*), ou » la bouche grandement ouverte, en sorte » que les spectateurs et auditeurs pourraient » y plonger » (même page 422.); mais en même temps de prononcer de manière que sa voix semble venir de distances ou ou plus grandes ou plus petites, à volonté : tantôt « du milieu des airs (page 423.), du » toît d'une maison opposée (p. 18.), de » la voûte d'un temple (p. 472.), du haut » d'un arbre (p. 448.), tantôt du sein de la » terre. » (p. 18.)

Ce n'est pas tout. Non-seulement il change la direction ; mais aussi, quand il le veut, » le timbre de sa voix » (p. 451.), de sorte qu'elle est à son gré, ou plus grêle, ou plus pleine, ou plus sourde, ou plus aiguë. Lorsqu'il exerça son talent à la séance de l'académie, » M. *de Mairan* protesta qu'il « avait cru que ce *ventriloque* l'avait appelé » du dehors ou de la cour ; et M. *de* » *Jussieu* dit qu'il avait rapporté cette voix » à un des coins de la très-grande salle, » au milieu de laquelle M. *Saint-Gille* avait » parlé en ventriloque. » (p. 423.)

A la première visite que lui fit M. *de la Chapelle* : » nous étions seuls, dit-il ; mes » yeux ne quittaient pas son visage, que » je vis presque toujours en face. . . . ; » je m'entendis appeler très-distinctement, » mais de si loin et avec un son de voix si » étrange, que toutes mes entrailles en furent » émues. » (p. 17.)

Voilà *un fait* que l'on ne peut contester.

Il existe encore des hommes qui en ont été témoins oculaires et auriculaires, et quand il n'y en aurait plus, le livre seul où M. *de la Chapelle* a consigné ce *fait* dans les plus grands détails, suffit sans doute à tout homme sensé pour lui en garantir la vérité: il l'a imprimé à la face de tout *Paris*, et de personnages vivans, qui sortaient de voir le *le fait*. Si aujourd'hui on le révoquait en doute, il n'y aurait plus rien de certain sur la terre, et l'absurde scepticisme deviendrait de tous les systèmes le plus raisonnable.

Or, *ce fait* très-rare, quoiqu'en dise M. *de la Chapelle*, depuis l'établissement de la religion chrétienne, n'a jamais été regardé comme naturel; au contraire les nations les plus anciennes et les plus éclairées l'ont toujours regardé comme une œuvre du Démon. Cette assertion est tellement vraie que dans la langue de tous ces peuples, *ventriloque* ou le mot correspondant, et *magicien*, sont synonymes. On le verra en consultant les glossaires des langues anciennes, les dictionnaires grecs, arabes, hébreux, syriaques, chaldéens. Ce n'est pas que ces peuples aient cru que ceux qu'ils appelaient *ventriloques*, *engastrimythes*, etc. . . . . parlaient précisément du ventre ; mais ils savaient que tout homme ou femme qui avait le talent de faire sortir des sons articulés, ou du ventre ou de quelqu'autre partie que ce fût du corps humain, non instituée pour la parole par l'auteur de la nature, opérait à coup sûr par l'intervention du Démon. Et pourquoi donnaient-ils le nom de *ventriloque* ou *d'engastrimythe* à cet individu ? C'est que véritablement le Démon, l'esprit immonde choisissait de préférence cette partie des deux sexes, le ventre, sur-tout dans les sybilles ou prophétesses, pour produire cet effet, quoique pouvant très-aisément le produire en tout autre endroit du corps humain.

M. l'abbé *Bergier*, dans son *dictionnaire théologique*, dit expressément que *python* est « un terme grec dont les sep» tante et la vulgate se servent souvent » pour exprimer les devins, les magiciens, » les nécromanciens.... et que les septante » l'ont traduit quelquefois par *engastri*» *mythe*. Donc les septante ont regardé » ces mots comme synonymes, et tenu un » *engastrimythe* pour un *démonolâtre* ou » un *magicien* ».

M. *de la Chapelle* ne voulant pas qu'un *ventriloque* tel que celui qu'il a osé mettre sur la scène, fût réputé *démonolâtre* ou *magicien;* voulant au contraire établir que l'*engastrimysme* est un effet de l'art ou de la nature, ou des deux aidés l'un par l'autre, rassemble toutes ses forces pour démontrer sa thèse, et voici ses moyens:

D'abord il appelle en témoignage de la réalité du *fait* dont personne ne doute, mais qu'il prétend naturel, quatorze écrivains qui, hors un ou deux, ne remontent pas, dit-il, au delà du quinzième siècle, et auxquels nous en ajoutons un que MM. les académiciens lui ont désigné.

Ensuite, il se met à la torture pour donner lui-même une explication physique de cet effet, ou pour l'obtenir des savans ses contemporains.

Sur ces quinze témoins, on doit préférer sans doute le sentiment de ceux qui ont été exempts de prévention et de partialité, qui ont vu eux-mêmes le *fait des ventriloques,* et qui avaient les connaissances nécessaires pour discerner si ce *fait* est naturel ou s'il ne l'est pas; il faudrait de plus, ce semble, pour tirer parti de leur témoignage que M. *de la Chapelle* eût pour lui, si non la totalité, du moins la majorité de ces quinze écrivains.

Or, sous tous ses rapports, cet ecclésiastique perd absolument sa cause : 1°. de ces quinze auteurs, huit sont directement contre lui. Ce sont : *Julius Casserius*, *Ludovicus Cœlius Rhodiginus*, *Jérôme Oléaster*, *Augustinus Steuchus Eugubinus*, *Lyranus*, ou *Nicolas de Lyre*, *Jean Selden*, *Eustathe et Allatius*, ou *Léon Allazi*. Ils affirment hautement dans leurs ouvrages, que la manière de parler en *ventriloque* est une opération du Démon, et ces huit personnages sont des savans bien supérieurs aux sept autres cités par M. *de la Chapelle*. Ce sont des savans dont leur siècle a prisé la probité autant que les lumières.

L'un d'eux, *Julius Casserius*, pour le fait dont est question, était précisément un juge compétent. C'était un homme de l'art, un homme reconnu pour un des plus habiles médecins-anatomistes qu'il y ait eu, disciple et successeur du fameux *Fabricius Aquapendente*, et ce *Casserius* dit dans son *histoire anatomique des organes de la voix et de l'ouïe*, traité qu'il a fait en latin, que « si comme il » l'a lu dans maint auteur, et comme il » l'a appris par des récits publics, quel- » ques personnes ont la propriété de faire

» entendre une voix bien articulée dans » le ventre et la poitrine, la bouche fer- » mée et les lèvres closes; en ce cas, il » est évident, par tout ce qu'il vient d'ex- » pliquer, qu'une pareille voix n'est point » naturelle, mais *magique et diabolique*. » *Hinc patet non naturalem fuisse, sed* » *magicam atque diabolicam.* » (pages 190 et 251 du livre de M. *de la Chapelle.*)

Ludovicus Cœlius Rhodiginus, savant renommé qui a vu et observé à *Rovigo* en Italie, une femme *ventriloque* parcourant l'état de *Venise*, prononce sur cette femme comme *Casserius*.

Jérôme Oléaster, *Augustinus Steuchus Eugubinus*, qui tous deux ont vu et entendu des *ventriloques*, disent la même chose. Il en est de même de *Lyranus*, ou *Nicolas de Lyre*, savant du premier ordre, qui abjura le Judaïsme et qui est mort en 1340. Celui-ci ne dit point qu'il a vu; mais ne doutant point du *fait*, il le met sans balancer, sur le compte des Démons : *pythones ventriloquos de quorum ventre Daemones loquuntur*, c'est-à-dire, *les pythons ventriloques du ventre desquels les Démons parlent.* (p. 198.)

Il n'est pas jusqu'à *Jean Selden*, protestant Anglais, mort en 1654, homme célèbre par son érudition universelle, qui ne soit contraire à M. *de la Chapelle*. « On traduit » ordinairement, dit *Selden*, le mot hébreu » *ob*, par celui de *Python* ou *magicien*. Mais » *Ob* était un esprit ou Démon qui donnait ses » réponses, comme si les paroles étaient » sorties des parties que l'honnêteté ne » permet pas de nommer, ou quelquefois » de la tête ou des aisselles ». . . . . . » Et dans plusieurs endroits, ajoute *Selden*, » ce mot *Ob* est traduit par celui de *ven-* » *triloque* ». (p. 410 et 411 du *Ventriloque*.)

Sur les huit écrivains entièrement opposés à M. *de la Chapelle*, il nous en reste deux à nommer : dont le mérite et la science, sur-tout du premier, ne seront pas contestés. C'est *Eustathe* qu'on doit regarder comme un docteur de *l'église grecque*. Ce grand homme qui a vu la terre peuplée encore de payens, puisqu'il n'est mort qu'au quatrième siècle, a pu conséquemment voir beaucoup d'*engastrimythes;* aussi a-t-il composé un traité exprès sur l'*engastrimysme*, dont *Léon Allazi*, garde de la bibliothèque vaticane, né grec ainsi qu'*Eustathe*, a fait une traduction latine, imprimée de son vivant à Lyon, en 1629 ; et ces deux savans, de l'aveu même de M. *de la Chapelle*, donnent formellement au Démon, tout l'artifice de cette opération.

2°. Des sept autres témoins nommés dans le livre de M. *de la Ch' elle* , il est vrai qu'il en est un dont il pou. 't se prévaloir, si l'autorité d'un seul, dan même genre de science, pouvait annuller .utorité de plusieurs.

Conrad Amman, médecin Suisse du dernier siècle, dans un traité *de Loquelâ*, imprimé en 1700, dit qu'il est possible de parler *per inspirationem*, ou *inter inspirandum*; qu'il l'a vu à *Amsterdam*, dans une vieille femme.

C'est ce que M. *de la Chapelle* traduit, (page 372.), par le mot *aspiration*, et il aurait dû traduire par le mot *inspiration*, puisque lui-même l'explique comme il suit (p. 431.) : « en avalant en quelque sorte ses paroles, » c'est-à-dire, en les faisant rétrograder » par la trachée-artère. »

Mais *Conrad Amman* est peut-être le seul anatomiste de cet avis. Ses devanciers, et bien plus encore ceux qui l'ont suivi, comme nous allons le voir dans un moment, les experts de nos jours nient cette possibilité.

D'ailleurs, *Conrad Amman* qui essaie d'expliquer physiquement *le fait* de la vieille d'*Amsterdam*, et qui dit que ce talent n'est pas commun, pourrait fort bien avoir admis *le fait des véritables Pythonisses*, c'est-à-dire de celles qui parlent en *Ventriloques*, ou à l'aide du Démon, puisqu'à la même page de son traité, rapportée par M. *de la Chapelle*, il dit au sujet de sa vieille : » cette femme » aurait pu facilement contrefaire une Pythonisse. » *Muliercula hæc Pythiam agere facilè potuisset* (page 432.); et qu'il ne prend nullement occasion de là de combattre la croyance à ces magiciennes ou *démonolâtres*, ce qui aurait été fort naturel dans le sentiment que lui attribue M. *de la Chapelle*.

Les six écrivains qui plaident pour celui-ci, c'est-à-dire, qui donnent la chasse au Diable, ne veulent point de Diable dans l'effet produit par les *ventriloques*; nous les livrons à leur propre réputation et au jugement des gens sensés. Que l'on consulte les notices exactes de leur vie, et l'on verra si leur opinion doit l'emporter sur celle des huit que nous avons nommés, d'un *Casserius*, d'un *Selden*, d'un *Eustathe*, etc. et s'ils sont assez forts pour assurer à M. *de la Chapelle* le gain de son procès!

Ce sont *Vandale*, *Balthazar Becker*, *Edmond Dickinson*, *Etienne Pasquier*, *Vigneul de Marville*, et *Jean Brodeau*.

Les trois premiers sont nés protestans. On sait que *Vandale* et *Balthazar Becker* qui disent avoir vu à *Amsterdam* une *Barbara Jacobi*, *ventriloque*, faisaient parade d'incrédulité. *Personne*, dit M. *Bergier*, dans le dictionnaire indiqué ci-dessus, *n'a répondu* à la réfutation du livre où *Vandale* a nié l'une des œuvres principales des Démons dans le paganisme ; savoir : les *oracles*. *Becker* a encouru la censure même des Ministres ses confrères, pour son excessive liberté de penser ; il était, ainsi que *Vandale*, un esprit prétendu fort. On doit en dire autant de *Dickinson*, d'après l'extrait d'une brochure que cite de lui avec emphase, M. *de la Chapelle*, brochure restée dans les ténèbres comme son auteur, qui, selon M. *de la Chapelle*, fut maître ès arts, et agrégé, vers 1653, du collège de Merton, en Angleterre, ce qui, comme on voit, était une grande dignité. (p. 269.)

Etienne Pasquier et *Vigneul de Marville*, ou *Dom d'Argonne*, qui est le même, et *Jean Brodeau*, n'ont jamais eu de renom que celui qu'ils ont mérité, de faiseurs de *mélanges et de recherches*, c'est-à-dire, de compilateurs. La prétendue force d'esprit que ces six écrivains ont affichée sur *le fait des ventriloques*, est donc une faible ressource pour M. *de la Chapelle*. Ils n'ont point vu *ce fait* en physiciens. Leur opinion ne prouve nullement que *ce fait* est naturel, sur-tout lorsqu'il y en a huit, incomparablement plus éclairés qu'eux, qui décident qu'il ne l'est pas.

M. *de la Chapelle* sera-t-il plus heureux du côté des explications physiques qu'il prétend avoir données du *fait*, et de celles qu'il a obtenues des savans ses contemporains? Point du tout. C'est ici que sa cause est véritablement désespérée.

Dans une lettre responsive, datée du 7 mars 1770, lettre de cinq pages que lui écrit M. *Caumont*, médecin, du château de St.-Germain-en-Laye, homme expert à ce qu'il paraît, et qui, plus d'une fois avait entendu et observé M. *Saint-Gille*, parlant en *ventriloque*, ce docteur dit: « je dois » vous avouer, Monsieur, que je me borne à » admirer *le fait* physique dont il est ques- » tion, et qu'il ne s'est présenté à moi » aucune explication satisfaisante, quelque » réflexions et même quelque recherches » que j'aie pu faire là dessus jusqu'à présent.

(p. 384.) « Il faut supposer de toute né-
» cessité dans le Sr. *Saint-Gille*, une or-
» ganisation singulière dans les parties qui
» forment la voix et qui en modifient l'arti-
» culation, c'est-à-dire, dans la glotte,
» l'épiglotte même, et tous leurs muscles,
» aussi bien que dans la voûte du palais, le
» voile palatin, et les différentes sinnosités
» qui les avoisinent. » (p. 385.)

Le résultat enfin de la lettre de M. *Caumont*, est de convenir qu'il ne comprend rien au *fait* dont pourtant il a été témoin plusieurs fois, et de dire qu'il *renoncerait à toute espérance de voir jamais une bonne solution d'un pareil problême*, s'il n'existait dans le monde un M. *de la Chapelle*.

Et que l'on ne croie pas que ceci est une plaisanterie! Immédiatement après les lignes qu'on vient de lire en italique, M. *Caumont* ajoute : « si quelqu'un est capable
» de rendre ce service à la physique, ce sera
» vous, Monsieur. » (p. 388.)

C'est en effet la tâche dont s'est chargé M. *de la Chapelle*. Il a présenté à l'académie royale des Sciences, un *mémoire sur les causes de l'engastrimysme et de l'art des ventriloques*; et MM. *Defouchy* et *Leroi*, tous deux membres de l'académie, ont

ont été nommés par leurs collégues pour examiner ce mémoire, en faire un *rapport* ou en rendre compte, et aller à *St.-Germain* observer M. *Saint-Gille.*

Mais aucun de ces moyens n'a tourné à l'honneur de M. *de la Chapelle* : quoiqu'ayant l'air de l'encenser beaucoup dans leur *rapport* ou certificat qu'il a imprimé dans son livre, les deux académiciens lui nuisent plus qu'ils ne le servent. Ils contredisent son grand principe; ils se contredisent eux-mêmes dans ce *rapport.* Ils citent pour lui, ce semble, le savant *Selden* qui est contre lui, comme on l'a déjà vu, et les explications que donne notre censeur royal sont absurdes et inintelligibles. Que l'on en juge !

Premièrement, notre censeur pose en principe *qu'il est possible d'articuler des sons par l'inspiration.* MM. de l'académie le nient formellement, et disent : « nous ne » pouvons être de son sentiment sur ce » qu'il dit de la possibilité d'articuler des » sons par l'inspiration ». (p. 407.)

En second lieu, ils admettent cet autre énoncé du *mémoire* de M. *de la Chapelle* : » tout l'art des *ventriloques* consiste à mo- » difier leur voix dans la gorge, de ma-

» nière qu'en sortant, sa force corresponde » à la distance d'où l'on veut qu'elle pa» raisse venir » (même page.); et ayant vu » et entendu le Sieur *Saint-Gille, à St.-* » *Germain,* nous nous assurâmes, disent» ils, que la formation de la voix en *ven-* » *triloque* venait uniquement d'une certaine » constriction de la gorge, acquise par l'ha» bitude ». (p. 415.)

Nous le demandons à quiconque est de bonne foi : est-ce là expliquer le phénomène ? N'est-ce pas au contraire se contredire manifestement ?

Si, comme le soutiennent les deux académiciens, en cela conformes au savant anatomiste *Julius Casserius*, s'il est impossible d'articuler des sons par inspiration, *per inspirationem,* ou *inter inspirandum*, ce que M. *de la Chapelle* rend très-bien en ces termes que nous avons déjà rapportés : « en » avalant en quelque sorte ses paroles, c'est» à-dire, en les faisant rétrograder par la » trachée-artère ; » si, disons-nous, cela est physiquement impossible, il est donc impossible aussi de *modifier la voix dans la gorge*, de *former la voix dans la gorge*, d'*articuler* en resserrant la gorge, et *par une certaine constriction de gorge;* M.

Caumont a eu raison de dire qu'il ne comprenait rien à ce prodige, et ceux qui avancent qu'il est possible d'articuler des sons en cette manière, après avoir dit qu'il est impossible d'en articuler par *l'inspiration*, ne s'entendent pas eux-mêmes, ne donnent pas la solution du problême, et tombent dans une contradiction manifeste.

Troisièmement, écoutons M. *de la Chapelle*. Voici surement l'homme qui va nous éclairer, et sur-tout nous prouver, en l'expliquant, que le langage en *ventriloque* est tout naturel.

En quoi donc consiste l'engastrimysme, dit notre censeur académicien ? Nous l'appelons ainsi, vu qu'il était non-seulement censeur royal, mais encore de trois académies. « En quoi donc consiste l'engastrimysme? (p. 402 de son livre.) Un resserrement ou une constriction ménagée dans » les muscles de l'arrière-bouche ou du » pharinx, qui étranglent, atténuent ou affaiblissent la voix ; le son modifié par » là, comme s'il venait de loin, soutenu « par nos jugemens d'habitude, avant que » l'expérience ait apppris à les corriger, » c'est en peu de mots, selon mon opinion,

» toute la cause et tout l'effet des *ventri-*
» *loques*.

» Je suppose jusqu'à présent, continue
» notre censeur, (p. 403.) ce que j'ai observé,
» ou ce dont on est convenu avec moi,
» que cela se fait la bouche ouverte. » N'oublions pas qu'il s'agit d'une *constriction dans l'arrière-bouche*, et que cela se fait *la bouche ouverte* !

» Mais quelle en sera l'explication lors-
» que les choses se passent la bouche fermée,
» les lèvres closes et immobiles, ainsi que
» plusieurs auteurs l'attestent de quelques
» ventriloques ? »

» Suivant toute apparence, cela a été
» mal observé.... J'ai très-bien vu le con-
» traire dans M. *Saint-Gille*. (p. 404.) Si
» pourtant cela était, alors la voix qui
» prendrait toujours un caractère de lointain,
» se ferait entendre à travers les pores du
» du corps..... ou par les narines, ou enfin
» par la *trompe d'Eustache*, laquelle du
» fond de la bouche se rendant dans la
» caisse de l'oreille, peut laisser échapper
» les sons au dehors, par la destruction de
» la membrane du tympan. . . . . »

Nous n'abuserons pas de la patience du lecteur; nous n'avons pas le courage de citer la suite de cette lumineuse explication de M. *de la Chapelle*. On la lira si l'on veut dans son livre. Il prétend persuader, comme on vient de le voir, que la bouche étant fermée, la voix peut sortir à travers les pores du corps, ou par les narines, ou par l'oreille, et ce, par la destruction de la membrane du tympan.

» Car, ajoute-t-il (même page), cette mem-
» brane et les osselets de l'oreille, c'est-à-
» dire, le marteau, l'enclume, l'os orbi-
» culaire et l'étrier, ne sont pas absolument
» nécessaires à la perfection de l'ouïe. »

Conséquemment, tout cela étant détruit, *les sons échapperont aisément au dehors*, et la voix du *ventriloque* formée dans l'intérieur de sa gorge, trouvera passage par ses oreilles, quand il parle *la bouche fermée, les lèvres closes*. Est-il possible de proférer de plus hautes sottises? Ce sont à la lettre, celles que profère M. *de la Chapelle*.

Il fait des assertions aussi absurdes pour le moins et aussi embrouillées, lorsqu'il prétend expliquer l'effet de faire venir la voix d'où l'on veut.

» On sait, dit-il (page 394.), que la voix
» exerce sa plus grande force suivant la

» direction de l'axe des lignes vocales. » *(qui potest capere, capiat!)* « Or, sup-» posons que la plus grande amplitude, ou » la plus grande portée d'une pareille voix » soit jugée de quarante toises. Le *ventri-» loque*, en parlant, escamote un peu sa » physionomie; il a soin, sans affectation, » de tourner son visage et de diriger sa » voix du côté d'où il veut qu'elle paraisse » venir. Si c'est du côté de la terre, elle » paraîtra donc venir de son fond, à qua-» rante toises de sa surface. S'il la dirige » vers le ciel, ce sera à quarante toises de » haut d'où l'on s'imaginera qu'elle vient, » et ainsi à volonté, en suivant toutes les » directions quelconques. »

Ainsi à volonté! Ce sont là certainement des volontés puissantes! Mais un homme qui escamote un peu sa physionomie, cela n'est-il pas comique et tout-à-fait digne de M. *de la Chapelle*? Et sur de pareilles explications n'avons-nous pas droit de nous écrier : *qui potest capere, capiat*, et *fiat lux!*

Voilà pourtant l'écrivain qui au milieu du 18e. siècle, en a imposé à toute la nation française.

Il est donc certain que ni l'auteur du *mémoire sur les causes de l'engastrimysme et de l'art des ventriloques*, ni les savans ses approbateurs, n'ont donné ni pu donner une explication naturelle et satisfaisante *du fait* le plus extraordinaire que l'on ait vu de nos jours.

Il est certain qu'avec M. *Caumont*, témoin oculaire, le plus instruit de tous ceux qui ont vu et entendu *ce fait*, il faut *renoncer à toute espérance d'en voir jamais une bonne explication physique*.

Reste donc à prononcer comme toute l'antiquité payenne et chrétienne, c'est-à-dire, à donner *ce fait* à une cause surnaturelle, à l'intervention des Démons, puisqu'enfin il n'y a point d'effet sans cause, et que celui-ci (1) n'est certainement pas venu du ministère ni de Dieu, ni des bons anges.

Envain objecterait-on ce que dans leur *rapport*, MM. les académiciens ont dit, savoir : qu'on s'appercevait par fois que « M. » *Saint-Gille* semblait fatigué (p. 413.) ;

---

(1) Le lecteur observera avec soin qu'entre les *ventriloques* modernes, nous n'avons entendu parler dans cet article que du S[r]. *Saint-Gille*, et que notre intention n'est nullement de prononcer sur les *prétendus ventriloques* survenus après lui, et qui se montrent actuellement dans *Paris*. Nous connaissons les ruses des magiciens vrais ou faux.

» que quand il a parlé, il lui survient une » espèce de petite toux (p. 415.), et que, soit » par l'âge, soit par la fatigue, il a perdu » un peu de son talent. » Ces petites circonstances donneraient à penser que ce talent est naturel.

Mais cette petite toux, cet enrouement factice, cette fatigue affectée, jamais ne nous donneront le change, et ne nous feront croire que la voix de *ventriloque* était naturelle, que c'était celle de l'homme et non du *Démon*. C'est ici au contraire que le *Diable* montre le bout de l'oreille. Il s'immisce et toujours veut s'immiscer parmi les hommes, pour les prendre dans ses filets; mais il ne veut pas être découvert, il ne veut pas qu'on le reconnaisse; c'est pourquoi il ruse, il se cache tant qu'il peut.

Voici donc notre replique. M. *de la Chapelle* nous la fournit : « M. *Saint-Gille*, » dit ce docte abbé (p. 363.), par le timbre » étrange et le lieu incertain de sa voix, » n'annonce assurément ni vice ni altération » dans les organes. » Et nous ajoutons, dans le parc et sur la terrasse du château de *Saint-Germain*, dans tous *les environs de Paris* et ailleurs, il a donné des scènes très-longues, sans que personne se soit jamais apperçu qu'il fut fatigué. Le livre de M. *de la Chapelle* est plein de ces scènes.

Que l'on voie (p. 471.) celle des *religieux dupés ;* qu'on lise (p. 395.) celle qui fut donnée le 17 juin 1770, à M. *Turconi*, chambellan d'Italie. M. *Defouchy* lui-même et son épouse, en furent témoins, et au dire de M. *de la Chapelle*, cet académicien la trouva parfaite. Une seule de cette espèce suffit sans aucun doute pour établir tout ce que *le fait du Sieur Saint-Gille* a de singulier, ou pour mieux dire, de *surnaturel* et surpassant les forces de la nature.

Il n'est pas hors de propos de nous arrêter ici, et de faire une digression qui ne sera pas étrangère à notre sujet; le livre de M. *de la Chapelle* est rempli aussi de digressions. Elles ne font rien à la matière qu'il traite; elles ne sont bonnes qu'à distraire l'attention de son lecteur, et c'est ce dont l'auteur avait besoin. Nous nous garderons de l'imiter; celle-ci jettera un nouveau jour sur la cause que nous soutenons contre le censeur royal.

D'abord n'est-il pas singulier qu'après la décision de M. *Caumont*, c'est-à-dire, d'un homme de l'art, d'un homme possédant les sciences physique, chirurgicale, anatomique, lequel mande expressément à M. l'abbé *de la Chapelle* que *le fait* du ventriloque *St.-Gille* est physiquement inexplicable, et qu'il renonce à l'expliquer; n'est-il pas singulier que celui-ci, dont la profession est bien différente, qui au moins ne peut se flatter de l'égaler en connaissances sur les objets dont il est question, quoiqu'il ait inventé le *scaphandre* dont personne ne fait usage, que celui-ci, disons-nous, l'entreprenne cette explication, qu'il ose la présenter à *l'académie royale des Sciences*, et lui demande sa sanction pour un *galimatias* auquel on ne peut rien comprendre?

Mais ce n'est pas en ceci seulement que la singularité de M. *de la Chapelle* est remarquable. Elle l'est bien plus dans la manière dont il peint les écrivains qui lui sont opposés, et les écrivains qui le favorisent. C'est ici que vraiment il amuse.

Julius Casserius à qui les éditeurs de son *histoire anatomique*, etc..... ont donné l'épithéte de philosophe dans l'intitulé: *Julii Casserii, philosophi et medici, etc.*.. parce que sans doute ils ne l'en ont pas jugé indigne, n'est suivant notre censeur, qu'un « soi-disant philosophe (p. 556.), un dissé

» queur...... Ses parens étaient fort pauvres.
» Cet état, la plus affreuse tyrannie du
» corps, n'est que trop souvent le plus grand
» abâtardissement de l'esprit. Que peut-il
» sortir d'une ame, méprisable à ses propres
» yeux, que le désespoir ou tout au moins
» un abandon génćral de son existence ?
» (p. 250.) Domestique, ensuite disciple
» d'*Aquapendente*, ses progrès en anatomie
» furent distingués; mais sans culture d'es-
» prit, à cause de la misère de ses parens, il
» paraît qu'à cet égard, il n'eût d'autres maî-
» tres que les opinions vulgaires. » (p. 251.)

Nous avons vu plus haut que *le pauvre Casserius* non-seulement croyait au diable, mais qu'il croyait aussi que dans *les ventriloques* c'était le diable qui faisait des siennes.

Et sur ce que ce grand anatomiste dit, d'après *Platon* et *Plutàrque*, que les *engastrimythes* tirent leur origine d'un certain *Euryclés*, notre censeur l'accuse d'être un homme inattentif, et qui ne sait pas raisonner.

» Car, dit M. *de la Chapelle*, si les
» engastrimythes ou ventriloques tirent leur
» origine d'*Eurycl és*, selon *Platon et Plu-*
» *tarque*, ces écrivains insinuent bien clai-

» rement qu'il n'y avait en cela ni magie, » ni opération diabolique. » (p. 191.)

Mais ici le censeur démontre jusqu'à l'évidence, à quel point il s'aveugle, et qu'il est lui-même un bien mauvais raisonneur.

De ce qu'*Euryclés* ait été le premier *engastrimythe*, s'ensuit-il qu'il opérait naturellement? L'histoire le présente comme devin, ce qui est déjà contre lui un fort préjugé, et comme le premier personnage connu pour *engastrimythe*; *Platon* et *Plutarque* disent que, par cette raison, les *Engastrimythes* ont été nommés *Euryclëides* ou *Euryclidistes*. Quel logicien conclura de là que les effets de *ventriloque* produits par *Euryclés* et ses pareils, étaient naturels? Ni *Platon*, ni *Plutarque* n'ont tiré cette conclusion: elle est de *Vandale*, suivant M. *de la Chapelle* qui la goûte fort, et qui l'adopte. (pages 263 et suivantes.) Elle est digne de l'un et de l'autre, et leur fait également honneur; mais M. *de la Chapelle* a tort de s'en servir contre *Casserius*, dont la logique est bien différente.

» *Rhodiginus*, selon notre censeur aca» démicien, eut de la célébrité au commence» ment du 16e. siècle. (p. 169.) Il n'était pas » sans mérite. (p. 229.) Mais croyant ferme-

» ment aux possédés du Diable, il n'a vu,
» ou plutôt n'a entendu qu'un Démon dans
» *Jacoba*, ventriloque de *Rovigo*, tandis
» que *Vandale* et *Becker* qui avaient donné
» si vigoureusement la chasse aux Démons
» et à leurs ministres, et qui devaient bien
» s'y connaître, n'ont vu, au 17e. siècle,
» dans *Barbara Jacobi*, d'*Amsterdam*,
» qu'une pure illusion acoustique, un jeu
» de gosier tout-à-fait comique, et bien dans
» le courant des petites ruses humaines. »
(pages 232 et suiv.)

C'est que « avec de l'érudition, on ne
» recherche pas toujours à remonter aux
» causes des évènemens. Souvent on s'oc
» cupe plus de charger sa mémoire *de faits*,
» que son entendement de réflexions. » (p.
169 et suiv.)

Voilà pourquoi « *Caelius Rhodiginus*,
» dans un cas difficile, ou plutôt insolite, se
» jette tout-à-coup dans les causes surnatu-
» relles. *Ibid.*

Monsieur notre censeur n'est-il pas lui-même *tout-à-fait comique?* Et n'est-ce pas de lui qu'on doit dire que ses procédés à l'égard d'hommes instruits, mais qui le contrarient, sont parfaitement *dans le courant des petites ruses humaines?*

« *Jérome Oléaster*. . . . , bon philosophe » de la manière qu'on l'était de son temps, « (vers le milieu du seizième siècle), habile » dans l'intelligence des langues hébraïque, » grecque et latine, avait de même que *Ludovicus Caelius Rhodiginus*, beaucoup » plus exercé sa mémoire que son jugement. » (page 173.) « Il s'acquit de la réputation. Jean III, roi de Portugal, le » choisit pour assister de sa part, au concile » de Trente, et il devint grand inquisiteur: » c'en est bien assez pour se persuader » aisément qu'un *ventriloque* ne pouvait » être qu'un possédé du Démon. » (p. 223.)

C'est encore la raison pour laquelle *Steuchus Eugubinus*, autre savant du 16e. siècle, qui « affirme avoir vu des femmes « ventriloques, met tout cela sur le compte » des Démons. Il posséda l'évêché de Ghisaïmo, dans l'isle de Candie. » (p. 192.) « Son opinion est supportable dans un » Evêque : son éducation l'y prépare, et » son état peut l'y maintenir. » (p. 191.)

Nicolas de Lyre avait été Juif avant d'embrasser le christianisme : « la crédulité » dont est un peu trop entichée la nation » des Israëlites, les jette tous, à corps perdu, » dans le merveilleux. Voilà des gens qui

» parlent du ventre ; on ne parle pas ainsi » naturellement. Un Chrétien ignorant, ou » un Juif crédule y placent d'emblée un » Démon, et tout est expliqué. » (p. 268.) Monsieur le censeur, quelques lignes plus haut, avait dit que *Lyranus* fut un savant. C'est une petite inconséquence, et il lui en échappe quelquefois.

Selden ne le favorisant pas, comme nous l'avons vu, et l'opinion de cet écrivain étant du plus grand poids, ne pouvant mieux faire, il lui cherche noise sur une inadvertence légère assurément, et de peu de conséquence, qu'on peut voir à la page 411.

Il dit peu de chose de *Conrad Amman*, et quant à *Eustathe*, n'osant le blâmer ouvertement, il se contente de dire que les *conclusions* du docteur grec *ne sont pas son affaire*. (page 370.)

C'est ainsi que M. *de la Chapelle* a peint, ou pour mieux dire, dénigré ses adversaires. Pour ce qui est de ses partisans, il se sert d'autres couleurs ; mais toujours il prête au ridicule.

Il donne les plus grands éloges à *Vandale* et à *Becker*, l'un et l'autre incrédules de profession, comme tout le monde sait. « *Van-* » *dale*...... si célèbre et si digne de l'être

» par deux excellens traités très-savans et » très-philosophiques, l'un sur les oracles, » etc...... » (p. 160.) Nous avons cité sur ce traité ce que dit M. l'abbé *Bergier*. » *Becker*, » un des plus célèbres théologiens... devint » fameux et très-digne de l'être par un ou- » vrage de sa composition, intitulé *le monde* » *enchanté*. » (p. 227.) Cet ouvrage, où *Becker* ne veut pas même qu'on reconnaisse l'existence du Démon, a été flêtri par ses confrères *les ministres de la religion prétendue réformée*.

Le maître ès arts *Dickinson*, « était un » homme qui ne se payait pas de mots ni » de simples apparences. Les ventriloques » ne lui paraissent qu'un pur badinage. » (p. 269.) Il a composé en latin, vers 1655, » un petit in-12, où il déploie toute la science » des langues savantes, et toutes les forces » de la critique pour prouver que les Grecs » ont emprunté de la Bible, et principale- » ment du livre de Josué, tout ce qu'ils ont » dit de leurs oracles, etc. » (pages 205 et » suivantes.) Voilà, certes, une découverte nouvelle au siècle de ce *Dickinson*, et conséquemment précieuse !

Vigneul de Marville, ou le Chartreux *Dom d'Argonne*, « n'était pas un homme » crédule

» crédule et uniquement borné à des idées » claustrales » (p. 258.). *Etienne Pasquier* et *Jean Brodeau* qui étaient aussi pour M. *de la Chapelle*, c'est-à-dire, qui affirment qu'il n'y a rien que de très-naturel dans *le fait des ventriloques*, sont également de grands hommes, au dire de notre censeur. Mais tout le monde sait, et peut s'en convaincre par leurs œuvres, que le plus grand mérite de ces trois demi-savans, c'est la prétention au bel esprit.

C'est ainsi que M. *de la Chapelle* distribue à son gré, la louange et le blâme. Il ne manque qu'un point de perfection à ses tableaux, et ce point, c'est la vérité.

Il y a dans son ouvrage bien d'autres erreurs à relever, et des erreurs d'une toute autre conséquence. Pour en montrer le venin, il faudrait les réfuter avec quelqu'étendue; mais nous nous sommes proposés d'être courts.

Toujours fidèle à son plan d'anéantir la croyance à la magie, en quoi il a parfaitement réussi, et de donner pour naturel un effet purement diabolique, tel que l'*engastrimysme*, dès le commencement de son livre, il ose avancer que *la pythonisse*, consultée par *Saül*, n'était qu'une *ventriloque*; de plus, que l'*Eglise, au sujet de l'évocation de l'ombre de Samuël, a laissé toute liberté de penser et d'écrire* (p. 47); troisièmement, qu'aux termes même de la Bible, la communication avec les Démons, la magie, l'évocation des morts n'ont nulle réalité, ne sont que chimère, imposture et mensonge. Que l'on voie les pages 56, 58, 59, 82, 87.

Pour étayer ces assertions hardies, il rapporte le passage suivant de la dissertation de *Dom Calmet*, sur l'apparition de *Samuël*; mais il le tronque.

Calmet dit à la vérité : « l'*église*, encore » aujourd'hui, par une discrétion pleine de » sagesse, souffre sur cela une diversité » d'opinions; » mais il ajoute sur-le-champ : « en ce qui ne blesse ni la charité, ni la » foi, ni les mœurs. » Ces quatre mots essentiels, M. *de la Chapelle* ne manque pas de les retrancher. Or, il est de foi, et il n'y a nul doute que *Samuël* apparut et parla.

Pour s'en convaincre, il ne faut que lire le verset 23 du chap. 46 du livre de l'*Ecclésiastique*, qui s'exprime ainsi sur ce prophête : « il dormit ensuite dans le tom» beau, d'*où* il parla au roi Saül, et lui » prédit la fin de sa vie; et sortant du sein

» de la terre, il haussa la voix pour pro-
» phêtiser la ruine du peuple, et la peine
» due à son impiété. » Trad. de *Carrières*.

Et post haec dormivit, et notum fecit regi, et ostendit illi finem vitae suae, et exaltavit vocem suam de terrâ in prophetiâ delere impietatem gentis.

Y a-t-il rien de plus formel que ce texte auquel M. *de la Chapelle* ne répond, à son ordinaire, que par un *imbroglio* (p. 86.); et c'est d'après ce texte, ainsi qu'il en convient lui-même, que le Père *Lebrun*, de l'Oratoire, et M. l'abbé *Duguet* disent : *qu'il n'est pas permis de douter que Samuël n'ait paru et parlé*. (p. 85.)

Ce n'est donc pas sur l'apparition de ce prophête que l'*église* a laissé la liberté de penser, c'est sur le mode ou les moyens de l'évocation. Est-ce Dieu qui immédiatement et indépendamment des opérations de la *pythonisse*, a suscité *Samuël* en présence de *Saül*? Ou, n'a-t-il permis cette opération que conséquemment aux pratiques magiques de cette femme? C'est l'une de ces deux opinions que chacun peut adopter à volonté, parce que l'*église* n'a pas prononcé à cet égard, et que nombre d'interprètes et de commentateurs ont adopté la première, tel qu'*Eustathe*, qui pourtant n'en soutient pas moins que *la pythonisse* avoit commerce avec le Démon.

Quant à cette femme donnée pour *ventriloque* par notre censeur royal (p. 49, 61 et 62.), c'est une imposture que la dissertation de *Dom Calmet* réfute encore en ces termes : « si l'on dit qu'elle contrefit sa voix, » à quoi ne s'exposait-elle pas en lui an- » nonçant des choses désagréables, et lui » prédisant des choses dont assurément elle » n'avait aucune certitude? »

Et pour ce qui est de son assertion que, suivant la Bible même, *la magie ou communication aveo les Démons n'est que chimère et mensonge, et n'a nulle réalité*, comment M. l'abbé *de la Chapelle* n'a-t-il pas lu le premier volume des *Conférences d'Angers*, sur le Décalogue, ouvrage classique, élémentaire, et fait pour son état? Il y aurait vu ce passage entr'autres (p. 163, édition de 1755.) : « la Magie diabolique » à qui l'on donne le nom de *Magie noire*, » est un art qui produit par le ministère » du Démon des effets extraordinaires et » surprenans, qui surpassent les forces de » la nature et celles des hommes; mais » non pas celles des démons. » Puis celui-

ci (page 164.) : « Aussi les Pères et les Con-
» ciles la condamnent comme un crime exé-
» crable et très-pernicieux, que la loi de
» Dieu, dans le chap. 22 de l'Exode, or-
» donne, en termes exprès, de punir de
» mort. » Comment a-t-il oublié les magiciens de *Pharaon*, ceux de l'impie *Manassés*, ceux dont il est parlé dans les *Actes* des Apôtres, Simon et Elimas; la fille *pythonisse* dont parlent les mêmes *Actes*, chap. 16, et dont St. Paul chassa le Démon? Toute l'Ecriture Sainte, du commencement à la fin, depuis la Genèse jusqu'à l'Apocalypse, nous apprend que le commerce de certains hommes et certaines femmes avec les Démons, est un art très-réel. Qu'on parcoure l'Exode, le Lévitique, le livre des Rois, les Prophêtes, etc..... on le verra évidemment. On peut donner le défi de montrer dans la *Bible* un seul mot contraire à cette doctrine, un mot qui prouve que l'art de communiquer avec les esprits de ténèbres est un art imaginaire, et qui jamais n'a été exercé.

Mais ce n'est pas la croyance de M. *de la Chapelle*. On ne sera pas surpris sans doute après cela, qu'à la page 507 de son livre, il ne craigne pas de dire que la cause de la magie est une *cause ridicule, méprisable et dénuée de fondement. Dénuée de fondement*, après l'autorité de l'Ecriture, après tant de faits avérés, soit dans l'histoire sainte , soit dans l'histoire profane! Nous laissons au lecteur à juger si l'écrivain dont la plume est empoisonnée jusqu'à ce point, a bonne grâce de protester, *dans la sincérité de son ame, de la pureté de ses intentions*. C'est ce qu'ose encore le Sieur *de la Chapelle*, pages 19 et 21 de son avant-propos; et sur ce qu'après une scène de son ventriloque *St.-Gille*, donnée à un docteur de Sorbonne, celui-ci s'enfuit pour aller consulter ses confrères, et savoir d'eux si le fait est diabolique ou non, il dit : (pages 440 et 445.) que, *de peur de le rendre ridicule, il n'aura pas la cruauté de le nommer, quoiqu'il le connaisse très-bien*, et ceci, il le dit bien surement *dans la sincérité de son ame*.

Dans la discussion ci-dessus des prétendues explications physiques données par M. *de la Chapelle*, nous n'avons fait nulle mention d'un M. le baron *de Mengen*, Allemand, qu'il dit avoir été *ventriloque*, égal en force au Sieur *St.-Gille*, et qui résidait à *Vienne*, lorsqu'il en reçut, en

1770, une réponse qu'on peut voir ès pages 305 et suivantes.

La raison de notre silence, c'est que *Paris*, ni *la France* n'ont vu *le fait* de M. *de Mengen*, du moins d'une manière éclatante, comme on a vu celui du Sieur *St.-Gille;* et s'il est vrai que *ce fait* a eu lieu avec les mêmes circonstances, nous ne balançons pas à le donner également à la puissance du Démon.

C'est une raison de ce genre qui nous a décidé à ne tenir aucun compte de l'avis de M. l'abbé *Nollet*, que M. *de la Chapelle* cite (page 373.), savoir : *qu'on peut parler et chanter en aspirant.* « On voit, dit celui-ci, (p. 374.) que M. l'abbé *Nollet* » n'a rien observé par lui-même à ce sujet, » et qu'il n'en parle que d'après *Conrad* » *Amman*, le seul auteur de ma connais- » sance qui ait affirmé que l'on puisse » parler haut en aspirant. »

M. l'abbé *Nollet* est mort en avril 1770, conséquemment plus de huit mois avant la présentation du S^r^. *Saint-Gille* à l'académie, et ses *leçons de physique expérimentale* étaient imprimées vingt-cinq ans auparavant, savoir dès 1745.

Observons, en terminant notre censure

de la production du censeur royal, que, lorsqu'elle parut, il se trouva en France des hommes instruits que cette production n'a point séduits.

Une des absurdités avancées par M. *de la Chapelle*, c'est de soutenir que *l'engastrimysme* seul, et *l'engastrimysme* tel qu'il le suppose, c'est-à-dire un talent naturel, a opéré les oracles du paganisme, et que c'est l'unique jeu qu'ont employé les prêtres des faux Dieux. Cette assertion de sa part ne doit pas étonner, puisqu'il soutient la même chose touchant la *pythonisse* de *Saül*.

Là dessus, les auteurs du *Journal encyclopédique* qui jamais n'ont passé pour ignorans ni sots, lui firent dans leur feuille du 15 septembre 1772, une petite objection en ces termes, à laquelle M. *l'Abbé* s'est bien gardé de répondre.

» Il nous reste, disent ces adroits cri-
» tiques, un scrupule que M. *de la Cha-*
» *pelle* fera aisément disparaître. *L'engastri-*
» *mysme* était connu du tems *d'Hyppocrate*
» et de celui de *Platon*. Comment se peut-
» il que dans un siècle aussi éclairé, on
» n'ait pas soupçonné que ce talent bien
» ménagé était la cause des oracles et des

» divinations ? » La réponse est encore à venir, ou peut-être la trouvera-t-on dans le porte-feuille de M. *de la Chapelle*.

Observons enfin que l'académie royale des Sciences dont M. *de la Chapelle* fait sonner bien haut l'approbation dans son livre, que l'académie des Sciences dont il intitule le rapport (p. 406.), *extrait des registres de l'académie royale des Sciences de Paris, du mercredi 16 janvier 1771*, comme si elle eût soupçonné après coup quelque fourberie dans *le fait du Sr. Saint-Gille*, n'a pas souffert qu'on insérât dans ses *mémoires*, un seul mot de ce *fait* assurément très-merveilleux, et très-contraire à l'ordre naturel.

Addition nécessaire à l'article précédent.

Nous avions prononcé sur M. le baron de *Mengen*, ventriloque allemand, lorsque nous avons lu dans le *Journal des débats*, du 13 thermidor an 8 (1er. août 1800), une *note sur les ventriloques*, signée de M. *Delalande*. Dans cette note, l'académicien dit : « le baron de *Mengen* qui possédait l'art du ventriloque, a expliqué lui-» même le mécanisme de l'air et de la bouche, » pour cet art singulier et rare. »

1°. Ceux qui liront la lettre du baron de *Mengen* (elle est à la page 208 du Ventriloque.), verront que M. le baron n'explique rien, ou que son explication est absurde comme toutes celles données par M. *de la Chapelle* et consorts.

Ce M. *de Mengen* dit (p. 311.) : « je presse » fortement la langue contre les dents et » la joue gauche, et la voix..... articulée..... » se forme réellement entre les dents et » la joue gauche. » le mot *articulée* est ici, comme on voit, bien exprimé. Il s'agit donc de paroles, ou d'une suite de plusieurs paroles, et en effet M. le baron entreprend d'expliquer un assez long entretien qu'il a eu *en ventriloque*. Or, comment articuler et réitérer pendant un assez long-temps la parole, en pressant fortement la langue contre les dents et la joue ? C'est à des enfans que l'on peut persuader la possibilité de cette opération ; jamais on ne la persuadera à des gens sensés, bien moins encore, s'ils viennent à lire la suite de l'explication de M. le baron. « Pour cela, j'ai » la précaution, ajoute-t-il, de tenir en » réserve dans le gosier une portion d'air » suffisante, soit pour chanter, soit pour » parler à l'ordinaire. . . . . et c'est uni-

» quement avec cette portion d'air en ré» serve, modérée, retenue, et échappée » avec effort, que je produis la voix que » j'ai dessein de faire entendre. »

C'est donc cet air seul qui articule, *c'est uniquement avec cette portion d'air que je produis*, etc. . . . ; la langue n'a aucune part à cette articulation. Quelle part y aurait-t-elle, puisqu'elle est fortement pressée contre les dents et la joue? En vérité nous rougissons pour les explicateurs qui ne rougissent pas, pour les lecteurs qui avalent ou qui ont avalé l'erreur, et pour ceux qui la propagent.

Dans cette même note, M. *Delalande* nomme *Vandale*, *Brodeau*, graves auteurs qui ont parlé des *ventriloques*, et qui, avec quelques autres que M. *de la Chapelle* a cités, ne remontent pas, comme nous l'avons dit avec celui-ci, au delà du quinzième siècle. M. *de la Chapelle* a fait prudemment de prendre ses auteurs et ses autorités dans les trois ou quatre derniers siècles. Tous les auteurs des siècles antérieurs, jusqu'au commencement du monde, auteurs qui valaient probablement et *Vandale* et *Brodeau*, ont donné aux Démons *le fait de l'engastrimysme*, d'accord avec leurs contemporains. C'est ce qu'affirme *Gaspard Peucer*, au chap. 2 du 4e. livre de ses *divinations*, p. 177, édition de Lyon; et ce savant valait aussi probablement et *Vandale* et *Brodeau* : mais les hommes qui ont vécu dans les siècles antérieurs au quinzième, étaient des visionnaires ou des ignorans ! Au reste, nous n'avons pas jugé nécessaire de faire mention du *fait* de M. le baron de *Mengen*. Celui de M. *Saint-Gille* nous a suffit, et doit suffire.

2°. Il ne faut pas de longs raisonnemens pour prouver que le Sr. *Saint-Gille* n'a jamais pu articuler et dialoguer au point de perfection où il l'a fait, sans l'intervention d'un moyen qui n'est nullement naturel. Qu'on observe, comme nous l'avons déjà dit dans la *note*, page 23, que laissant à part tout autre *ventriloque*, nous n'entendons parler ici que du Sr. *Saint-Gille*, que nos contemporains et compatriotes ont vu. Selon M. *de la Chapelle*, il a parlé, ou « la » bouche fermée et les lèvres closes » (pages 17 et 422 de son livre.) ou « la bouche » grandement ouverte, en sorte que les » spectateurs et auditeurs pouvaient y plon» ger. » (même p. 422.) Or, le sens commun seul dicte que l'exécution de la parole, qu'il nous soit permis d'user de ce terme, et de la parole continuée un long espace de temps, est impossible dans l'un ou l'autre cas.

Quoiqu'on dise et quoiqu'on fasse, pour parler, pour articuler les voyelles et les consonnes, on en reviendra toujours aux leçons du *maître de langue* de M. *Jourdain*, dans *Molière*. Il faut qu. la langue frappe tantôt les dents, tantôt les lèvres, tantôt le haut du palais ; il faut que les mâchoires, dans un instant indivisible, s'ouvrent et se ferment; il faut dans le même instant, aspirer librement et respirer. Si ces moyens fournis à l'homme par l'auteur de la nature, ne sont pas employés, jamais il ne fera entendre que des sons grossiers, informes, tels que ceux produits par la brute; il ne produira pas la parole : donc articuler, prononcer, dialoguer, comme l'a fait le Sr. *Saint-Gille*, la bouche totalement ouverte, ou la bouche totalement fermée, est une œuvre physiquement, naturellement impossible, et il faut s'en tenir à l'avis bien motivé de M. *Caumont*, témoin instruit, juge compétent, c'est-à-dire, *se borner à admirer le fait, et renoncer à toute espérance d'en voir jamais une bonne solution* (p. 384 du *Ventriloque*.), ou la donner cette solution à ceux à qui elle appartient, c'est-à-dire aux Démons, ainsi que l'insinuent finement les auteurs du *Journal encyclopédique* que nous avons cités.

3°. M. Delalande dit dans la note dont nous démontrons ici la futilité, que l'art du ventriloque est *un art singulier et rare*. En faisant cet aveu qui ne sert qu'à prouver l'extrême difficulté du ventriloquisme, il n'a pas pensé à ce qu'il disait; il devait au contraire donner à croire, à l'exemple de M. *de la Chapelle*, que cet art doit être fort commun, puisqu'ainsi que le savant abbé, il le suppose tout naturel. M. *Delalande* ne voyait donc pas aussi qu'au moment qu'il imprimait sa *note*, les ventriloques se multipliaient dans *Paris* d'une manière étrange, sans doute pour que *Paris* en conclût que rien n'était plus naturel que le *ventriloquisme*. Que ces Messieurs s'accordent donc; que l'un ne donne pas pour très-commun, ce que l'autre avance être très-rare! Pour nous, stables dans nos principes, et bien éloignés de tomber en contradiction avec nous-mêmes, parce que la vérité est de notre côté, nous avons dit et nous disons, que tant que l'idolâtrie a subsisté, le ventriloquisme, opération vraiment diabolique, n'était pas rare, mais qu'il l'est devenu depuis l'établissement du christianisme (on doit en voir les raisons), et que s'il existe aujourd'hui un ventriloquisme réel, aussi parfait que celui du Sieur *Saint-Gille*, c'est un effet produit par les Démons.

Passons maintenant à des *faits* plus récens. Ce sont ceux des *Mesmer*, des *Somnambules*, des *Cagliostro*, et d'une multitude d'autres *faiseurs de prodiges*.

Mesmer, qui de tous ces *thaumaturges* s'est donné le premier en spectacle, et semble les avoir amenés à sa suite, doit paraître ici le premier.

Voici d'abord sur ce personnage une anecdote qui forme contre lui un violent préjugé.

A la fin de 1784, ou au commencement de 1785, *le Journal de Berlin* a qualifié *Mesmer* de *magicien*. Ce Journal ajoute que : « depuis douze ans, il avait perdu » toute sa réputation dans sa patrie, et qu'en » 1775, l'académie des Sciences de *Berlin* » avait déclaré *absurdes* ses théorêmes. »

On lira ce que nous venons de dire dans

le *Mercure politique* (1), ou *Journal de Genève*, du 22 janvier 1785, si l'on n'a pas à la main celui de *Berlin*, et ce qui lève tout doute sur ce récit, c'est que dans son *mémoire sur la découverte du magnétisme animal* (page 31.), *Mesmer* lui-même,

---

(1) *Extrait du* Mercure *du 22 janvier 1785 (p. 154.), numéro 4.*

» De Francfort, le 9 janvier.

» On vient de dénoncer au public, dans le Journal » de Berlin, l'estampe qui représente le fameux thau» maturge comte Cagliostro, dédiée à feu le comte » de Milly, et tirée du cabinet de Mme. la marquise » d'Urfé. Le Journaliste saisit cette occasion pour » verser le ridicule sur toutes les inepties dont quel» ques sociétés d'alchimistes, tâchent d'infatuer l'Eu» rope depuis quelques années.

» Il est curieux, sans doute, de savoir ce qu'on » pense de M. *Mesmer*, et de sa conduite en Alle» magne. Le même auteur a consacré un article à » ce médecin; il dit que l'Allemagne use de repré» sailles envers la France qui, après lui avoir envoyé » tant de charlatans dont on s'était moqué chez eux, » vient de s'enthousiasmer pour un *magicien* allemand, » qui, depuis douze ans, avait déjà perdu toute sa » réputation dans sa patrie. En 1775, l'académie des » Sciences de *Berlin*, déclara *absurdes* les théorêmes » de M. *Mesmer*.

dit

dit *qu'en 1775, l'académie de Berlin était tombée au sujet du magnétisme, dans différentes erreurs, et que son avis avait été qu'il était dans l'illusion.*

On voit qu'en substituant le mot *illusion*, aux termes dont s'est servi *l'académie*, il adoucit autant qu'il peut, le jugement qu'elle a porté sur sa doctrine déclarée *absurde*.

Mais, quoique cette anecdote fasse réellement contre *Mesmer* une forte présomption, nous ne nous y arrêtons pas; nous avons d'autres moyens de démontrer que ce prétendu docteur, ainsi que le S^r. *St-Gille*, était un vrai *démonolâtre* ou *magicien*, et qu'il n'a opéré qu'à l'aide des *Démons*.

En 1784, le roi *Louis XVI*, témoin des impressions diverses et du grand bruit que depuis cinq ans, faisaient dans son royaume les étranges principes, et les cures étonnantes du médecin allemand *Mesmer*, jugea, dans sa sagesse, devoir soumettre à l'examen les uns et les autres.

A cet effet, le 12 mars, même année, le monarque nomma dans *la faculté de Médecine*, et dans *l'académie royale des Sciences*, neuf membres distingués. Dans celle-ci, c'était MM. *Francklin*, *Leroi*, *Bailly*, *Debory* et *Lavoisier*; et dans la faculté de Médecine, MM. *Majault, Sallin*, *d'Arcet* et *Guillotin*.

D'un autre côté, M. *le baron de Breteuil*, ministre de l'intérieur, donna ordre de la part du roi, à MM. *Poissonnier*, *Caille*, *Mauduit*, *Andry* et *Dejussieu*, *de la société royale de Médecine*, de se réunir à celle fin de procéder au même examen, et d'en rendre un compte public.

Paris va donc avoir des lumières sures, touchant la doctrine et les œuvres merveilleuses du fameux médecin *Mesmer!*

Mais le contraire arriva. Rien de moins recevable, rien de plus embrouillé, de plus obscur, on peut même dire, de plus ridicule et de plus burlesque, (nous allons le prouver,) que les explications données par ces quatorze savans, choisis dans tout ce qu'il y avait en France de plus instruit et de plus éclairé sur les objets en question!

D'abord, *les faits* étaient visibles. Il était impossible de les révoquer en doute. Tout *Paris* voyait et connaissait les malades rendus à la santé.

« J'étais à la mort, je suis guéri, » s'écrie l'auteur du *Monde primitif*, M. *Court de Gebelin*, dans une *lettre* imprimée, *adressée à ses souscripteurs* le 31 juillet 1783, et il n'était pas le seul qui dût la guérison à *Mesmer*; il y en avait mille et mille autres. Ce sont, ajoute-t-il, des personnes « de » tout état, de tout sexe, incapables de » tromper, et dont la plupart tiennent à » des familles très-distinguées. » . . . . .

» Ce sont des Chevaliers de St.-Louis, » des Commandeurs de Malte, des Colo- » nels de maisons titrées, personnes qui » ne sont faites ni pour se laisser séduire » par un fol enthousiasme, ni pour s'a- » baisser à jouer une vile comédie. »

» J'ai vu, dit M. *de Gebelin*, des gué- » risons vraiment étonnantes; une épilep- » tique de naissance et parfaitement guérie, » droite comme un jonc; et d'un visage » agréable, qu'on ne dirait pas avoir jamais » été en convulsion; »

» J'ai vu des personnes obstruées, à l'égard » desquelles avait échoué la médecine or- » dinaire, et qui ont été délivrées de leurs » maux; »

» D'autres, dans le plus grand marasme, » par un dévoiement de plusieurs années, » parfaitement rétablies en peu de temps, » et acquérir le meilleur estomac; »

» Un paralytique hors d'état de parler, » et souffrant des douleurs inouies de tête,

» qui lui faisaient courir les champs, délivré » de cet état effroyable ; »

» Des femmes hors d'état d'accoucher, » qui y sont parvenues par ce traitement ; »

» D'autres qui ont été mises par ce moyen, » en état de soutenir des ponctions dé» clarées leur coup de mort par la médecine » ordinaire. »

M. *de Gebelin* cite ensuite nommément d'autres malades, vivans alors, guéris et plein de santé : M. *Duhaussai*, major d'infanterie, et Chevalier de St.-Louis ; Mlle. *de Berlançourt*, nièce de M. *Fournier-Michel*, trésorier de France, lequel fit signer la relation du rétablissement de cette Demoiselle, par « M. l'évêque de Beauvais, un » médecin, trois chirurgiens, des officiers» municipaux, des chanoines de la ville, » et un grand nombre d'officiers aux gardes, » qui tous déposent que, de leur connais» sance, Mlle. *Berlancourt* avait été para» lytique de plusieurs de ses membres, tels » que la jambe et le bras gauche, la langue » et les yeux, et qu'elle est revenue de *Paris* » marchant librement, usant de ses bras » avec aisance, voyant les objets de près » et de loin, parlant avec facilité, » au point que, pour conserver la mémoire de ce *prodige*, on fit en faveur de Mlle. *de Berlancourt* le distique suivant :

Infans, cæca, trahens gressum, te Mesmeri, posco
Verba, pedes, oculos; ambulo, cerno, loquor. (1)

En juin 1784, c'est-à-dire, avant la rédaction du *Rapport* de MM. les commissaires royaux, qui ne parut que vers le mois d'août suivant, le Père *Gérard*, supérieur général de l'ordre de la Charité, écrit de la *Rochelle* à *Paris*, à un de ses religieux, que par les procédés de *Mesmer*, il a guéri, à l'hôpital, un jeune soldat moribond et désespéré, *en présence de Monsieur le Commandant, comte de la Tour-du-Pin, de l'état major, et de tous les officiers du régiment qui sont venus le remercier.*

» M. le comte, ajoute le Père *Gérard*, » a publié ce miracle dans toute la Province, » et cela m'attire tant de malades que je » suis obligé de m'enfermer. » La lettre du Père *Gérard* fut imprimée, et nous l'avons sous les yeux.

---

(1) On pouvait mettre le premier vers de ce distique en moins mauvais latin, comme il suit :

Capta oculis, pedibus, linguâ, te Mesmeri, posco
Verba, etc.

Dans le même temps, et c'était encore avant la publication du *Rapport*, *Mesmer* avait fait à *Paris* une cure éclatante dans la personne d'un enfant de deux ans, abandonné des médecins, et qui était fils d'un M. *Kornmann*.

Dans le même temps, M. *le marquis de Puységur* fit imprimer et signa une liste de plus de soixante malades, qu'en moins de six semaines il avait guéris par le *Mesmérisme*, dans sa terre de *Buzancy* près de *Soissons*. C'était en juin 1784.

M. *Orelut*, médecin de *Lyon*, écrit en même temps à *Paris*, à M. *Mesmer*. Il lui envoie le détail imprimé des cures qu'il a opérées à *Lyon*, et lui nomme entr'autres, dix malades qu'il a guéris par le *Magnétisme*, malades connus dans toute la ville, et appartenans aux plus honnêtes familles.

M. *Giraud*, autre docteur-médecin de la faculté de *Turin*, guérit à *Paris*, par le *magnétisme*, dans un traitement public, rue *Coq-Héron*, plus de trente malades dont il envoie à *Mesmer* les noms, avec détail des maladies, dans un compte qu'il lui rend, imprimé et daté du 31 juillet 1784.

Le 16 août, même année, l'auteur du *Journal de Paris* insère dans sa feuille, n°. 229, le procès-verbal de la guérison miraculeuse d'une hydropisie, telle qu'il ne s'en était peut-être jamais vue de semblable, opérée par le *magnétisme*, à *Nogent-sur-Seine*, dans le courant de juillet précédent, sur un nommé *Thevenin;* procès-verbal signé le 29 et le 30 du même mois, par plus de trente personnes de marque, qui en avaient été témoins oculaires, entre lesquelles se trouvent un médecin, deux chirurgiens, le maire, les échevins de *Nogent*, le curé, ses vicaires, le président de l'élection, le subdélégué de l'intendance au même lieu, le procureur du roi, du bailliage, trois MM. *de Boullogne*, de la maison du Conseiller-d'Etat, qui étaient alors à leur château près de *Nogent*, le maréchal *de Duras*, le comte et la comtesse *de Pelet*, le comte et la maréchale *de Belsunce*, et l'évêque de *Nantes*. (1)

Voilà sans doute des *faits* frappans, multipliés, incontestables, *faits* dont le plus grand nombre avait eu lieu à *Paris*, et

---

(1) Il est inutile de répéter que nous tirons tous ces détails des pièces du temps, imprimées par les auteurs de ces pièces, sous les yeux et du consentement des principaux acteurs.

conséquemment ne pouvait être ignoré d'aucun médecin de cette capitale.

Mais à ces *faits*, qu'ont opposé nos savans physiciens, nos commissaires du roi? Quelles explications physiques et naturelles ont-ils données de ces prodiges qu'ils avaient sous les yeux, ou de pareils prodiges qu'ils étaient chargés par le monarque d'examiner, et qu'ils ont réellement vus et examinés?

Qu'on ne nous dise pas, comme l'a dit, au dernier mois de l'an 7, un Journaliste officiel, le *Moniteur*, qu'ils mirent *beaucoup de négligence à cet examen, et qu'il fut fait d'une manière superficielle*; on verra par la suite que c'est *un faux*.

Après avoir mis au contraire beaucoup d'importance et d'appareil à examiner, soit des individus guéris par *Deslon* et *Mesmer*, soit sur le *baquet* et autres pièces de la machine que ces deux docteurs employaient aux guérisons, après cinq mois complets d'étude, de travail, de visites, « ils ont conclu » d'une voix unanime, » disent Messieurs ces commissaires, page 77 de leur *Rapport* imprimé, présenté à *Louis XVI*, et consigné dans les *Mémoires de l'académie royale des Sciences*, dans ceux de *la faculté de Médecine*, et ceux de *la société royale de Médecine*;

» Ils ont conclu d'une voix unanime, » sur la question de l'existence et l'utilité » du *magnétisme, que rien ne prouve l'existence* du fluide magnétique animal; que » ce *fluide sans existence*, est par consé- » quent sans utilité; que *les violens effets* » que l'on observe au traitement public, » appartiennent à l'*attouchement*, à l'*ima-* » *gination* mise en action, et à cette *imi-* » *tation machinale* qui nous porte malgré » nous à répéter ce qui frappe nos sens; et » en même temps, ils se croient obligés » d'ajouter, comme une observation impor- » tante, que *les attouchemens*, l'action ré- » pétée de l'*imagination* pour produire des » crises, peuvent être *nuisibles;* que le » spectacle de ces crises est également » *dangereux*, à cause de cette *imitation* » dont la nature semble nous faire une » loi. » C'est ainsi qu'ils s'expriment.

» Les pôles, dit M. *Bailly*, dans son *Exposé des expériences qui ont été faites pour l'examen du magnétisme animal, Exposé* qu'il a lu en pleine académie, et qu'il a imprimé dans les *mémoires académiques;*

» Les pôles sont *une chimère* qui n'a » d'autre objet que d'assimiler le nouveau » magnétisme au véritable magnétisme qui

» est un des phénomènes de la nature; c'est » ainsi qu'en avançant dans notre examen, » nous voyions disparaître l'une après l'autre, » les propriétés attribuées à ce prétendu » fluide, et que l'édifice entier posé sur » une base idéale, s'écroulait devant nous. »

» Nous avons en même temps prouvé, » ajoute-t-il quelques lignes plus bas, *la* » *nullité du magnétisme*...... et la suite » des expériences que nous avons faites, » nous a permis de conclure que *rien ne* » *prouve l'existence du fluide magnétique* » *animal.* »

D'autre part, MM. les commissaires de de la société royale de Médecine, savoir: MM. *Poissonnier*, *Caille*, *Mauduit* et *Andry*, tirent précisément les mêmes conclusions dans leur *Rapport*. (p. 23, 44 et 46.)

M. *Dejussieu* qui a jugé devoir faire imprimer à part son rapport, le termine en ces termes: (p. 71.) « la théorie du » magnétisme ne peut être admise, tant » qu'elle ne sera pas développée et étayée » de preuves solides. »

M. *Thouret*, docteur régent, dans une brochure de 150 pages, dit comme ses confrères, *que l'agent prétendu découvert par Mesmer, est un agent imaginaire et sup-*

posé, et que le magnétisme naturel et anciennement connu, non plus que le nouveau, n'a produit ni pu produire les guérisons opérées par ce docteur.

Un autre médecin de *la faculté de Paris*, avait adressé en 1783, à un médecin du *collége de Londres*, une *lettre* rendue publique, très-belle et bien écrite, de plus de soixante pages in-8°., dans laquelle il démontre : 1°. que le *magnétisme animal* n'est pas possible; 2°. que, lors même qu'il serait possible, il n'existe pas; 3°. que, lors même qu'il existerait, la pratique en serait imprudente et dangereuse. Ce même médecin dit : (p. 3.) « on a raisonné sur » la possibilité, sur les causes de ces *effets*; » mais on ne s'est pas avisé d'en *nier* for- » mellement l'existence. »

Il est donc certain que l'agent curatif de *Mesmer*, ne fut pas le *magnétisme animal*, puisqu'il *n'existe pas*, d'après les preuves faites et données pendant cinq mois entiers par MM. les commissaires, et d'après les lumières que fournissent en physique, les connaissances les plus ordinaires et les plus simples.

Ce n'était pas non plus les *attouchemens*, puisqu'ils *peuvent être nuisibles au lieu d'être salutaires*, au dire de ces Messieurs.

L'imagination est dangereuse, disent-ils encore, parce qu'elle porte à une *imitation machinale* de mouvemens convulsifs et contre nature. Cependant *les faits* sont constans ; on ne peut les nier : *on ne s'est pas avisé d'en nier formellement l'existence*, écrit le médecin de *Paris* à celui du collège de *Londres*.

Quel fut donc cet agent? Certainement il y en eut un, et nous donnons le défi aux plus habiles médecins ou physiciens, de nous en assigner un autre que celui que nous assignons, c'est-à-dire, *la magie* et l'opération des Démons.

On va croire sans doute qu'après l'arrêt solennel du *Sanhédrin* académique, *Mesmer* et ses ayant cause déconcertés, se condamnèrent à de profondes ténèbres, ou du moins, à un sage silence. Non, ce fut alors au contraire qu'ils firent plus de bruit que jamais. Ils parcoururent *Paris*, recueillirent en très-peu de temps les *certificats* de plus de cent malades guéris, dont la plupart étaient des personnes du plus haut parage ; il y avait aussi dans ce nombre, des gens de l'art, des médecins, des chirurgiens, des professeurs de différentes sciences. Ils formèrent de ces attestations, une *brochure* in-4°., de 78 pages, en y joignant un petit discours bien fait. Cette *brochure*, ils l'intitulèrent : *Supplément aux Rapports de MM. les commissaires de l'académie, et de la faculté de Médecine, et de la société royale de Médecine*; et avant la fin de 1784, cette replique curieuse sortit des presses de *Gueffier*, l'un des *miraculés* de *Mesmer.*

On voit dans cette pièce qu'ils ne se croient nullement battus, et en effet ils ne l'étaient pas. Ils n'accusent pas les commissaires, ainsi que leur reproche *le Journal* dont nous venons de parler, de n'avoir pas vu; mais d'avoir mal vu, ou plutôt de n'avoir pas voulu voir, de n'avoir nullement pris en considération, *les faits* dont ils avaient été témoins, de n'en avoir tenu aucun compte. Ils réfutent et persifflent avec raison, les explications ridicules et insignifiantes qu'ils en avaient données, et ces *certificats* de cent onze malades qu'ils partagent en quatre classes, 1°. les enfans; 2°. Ceux qui ont été guéris sans avoir éprouvé aucun effet sensible du *magnétisme*; 3°. Ceux qui en ont éprouvé; 4°. Ceux à grandes crises ou convulsions: ces *certificats*, ils en ont déposé les originaux chez Me. *Duclos-du-Fresnoi*, notaire, rue *Vivienne*, avec les adresses des signataires.

» *Le Rapport* de MM. les commissaires, » dit Mme. la présidente de *Bonneuil*, à » force de nous donner de *l'imagination*, » paraît presque vouloir nous envoyer aux » petites maisons . . . . Voici » le mien que je ne croyais pas être dans le » cas de donner au public. Une humeur » laiteuse m'a fait éprouver depuis près de » huit ans, etc.. etc.. etc....; un chagrin » violent acheva, en 1779, de me déranger » la santé, etc. »

Ici Mme. *de Bonneuil* détaille les suites de sa maladie, qui toutes étaient du plus mauvais augure. Ce détail occupe vingt lignes, et elle ajoute :

» C'est d'après cela que je me suis dé- » terminée, le 22 mars, à aller chez M. » *Deslon*. Dès les premiers traitemens, j'ai » eu des crises....... Ces crises n'ont pas » toujours été avantageuses . . . . . Mais » souvent elles m'ont procuré plusieurs jours » de suite, des sueurs faciles et bienfaisantes, » et des expectorations dont il m'est ré- » sulté un bien-être qui m'était inconnu » depuis long-temps. C'est particulièrement » l'état où je me trouve depuis près d'un

» mois, et qui, d'après les exemples que » j'ai sous les yeux, me donne les plus » grandes espérances.

» Je ne crois pas qu'on trouve dans ce » récit, continue Mme. *de Bonneuil*, beau- » coup d'effets qu'on puisse attribuer à » *l'imagination*. Je dois observer qu'ils » me sont arrivés sans *attouchement*. A » l'égard de *l'imitation*, MM. les com- » missaires seraient les premiers qui nous » eussent trouvé de la ressemblance avec » l'animal qui possède ce talent. Au moins, » ce n'est pas le mien; car les crises de » mes voisins, quand elles sont un peu » vives, arrêtent souvent la mienne. Ainsi » le résultat de MM. *imagination*, *attou-* » *chement*, *imitation*, se trouve en dé- » faut à mon égard. » Signé. (p. 71 du *Supplément.*)

Mme. la comtesse *de la Blache*, dans son certificat de guérison d'une maladie longue et sérieuse, certificat daté de Paris, le 15 septembre 1784 (p. 69.), répand avec la même finesse le sel de la plaisanterie, sur MM. les commissaires, sur leurs *Rapports* et leurs prétendues explications.

» C'est à cette époque, août 1782, dit » cette Dame, que pour dernière ressource,

» je me suis mise entre les mains de M.
» *Deslon*, bien plus par complaisance, que
» poussée par aucun espoir, et j'étais de
» la plus parfaite incrédulité au *magné-*
» *tisme animal*; mais heureusement douée
» sans doute d'une *imagination* vive et
» facile à exalter, malgré l'affaiblissement
» qu'aurait dû produire sur moi une aussi
» longue maladie, dès la première visite
» de M. *Deslon*, je tombai en crise, sans
» avoir eu ni l'appareil du *baquet*, ni au-
» cune convulsion pour modèle, étant toute
» seule de malade, et tristement dans mon
» lit. »

» Mon *imagination*, ajoute trois lignes
» après Mme. *de la Blache*, s'est cons-
» tamment soutenue sans ces secours pen-
» dant quinze mois, et je lui ai due au
» bout de six, etc. etc...... Mais je ne
» sais par quelle fatalité, au mois de mars
» dernier, mon *imagination* perdit son
» ressort...... et ce qu'il y a de plus affreux,
» c'est que l'absence de mon *imagination*,
» pensa me coûter la vie. M. *Deslon* me
» répétait pour me tranquilliser, qu'une
» crise me sortirait de cet horrible état ;
» mais rien ne put me tirer de cet af-
» faissement, et ce ne fut qu'au bout de trois
mois

» mois de l'état le plus cruel, que je rap-
» pelai à mon secours avec quelque succès
» ma bienfaisante *imagination*. Les crises
» revinrent......; le mieux a augmenté tous
» les jours.....; je jouis d'un bien-être que
» je n'avais pas éprouvé depuis huit ans....,
» et je me félicite d'avoir eu une *imagi-*
» *nation* assez heureuse et assez vive pour
» fondre trois squirres; j'espère lui devoir
» bientôt ma guérison parfaite. Il est bon
» d'ajouter que, depuis que je suis soumise
» au traitement magnétique, je n'ai jamais
» pris de crême de tartre, ni la plus légère
» drogue. » Signé.

M. *de Marignan* prend le même ton pour répondre à MM. les commissaires. Après une description très-intéressante d'une longue maladie et de sa guérison, ce Monsieur dit : « il y a deux mois que je suis au
» traitement, et il y a six semaines que je
» ne sens aucune espèce d'incommodité. Je
» bois, je mange, ou du moins je crois
» manger et boire, comme je crois que je
» dors. Je marche lestement, je monte mes
» trois étages, en enjambant les marches de
» l'escalier deux à deux; je les descends de
» même, et j'ai soixante-deux ans.

» Si c'est à l'illusion que je dois la santé

» dont je crois jouir, je supplie humblement » les savans qui voient si clair, de ne la » pas détruire. Qu'ils illuminent l'univers, » qu'ils me laissent mon erreur, et qu'ils » permettent à ma simplicité, à ma faiblesse » et à mon ignorance, de faire usage *d'un* » *agent invisible et qui n'existe pas, mais* » *qui me guérit!* Car j'espère encore, et je » me flatte que quelque jour mon *imagi-* » *nation* se montera au point de me prouver » clairement que je suis jeune : il ne me » manque que cela, c'est une bagatelle ; » elle m'a déjà prouvé que je me porte bien, » et c'est beaucoup. » *A Paris*, le 30 août 1784. Signé. (page 30 du *Supplément.*)

Mme. la marquise *de Grasse* use d'un ton plus grave pour attester l'existence de l'*agent mesmérique*. Voici son témoignage en entier (p. 68.) :

» Le seul desir de rendre hommage à » la vérité, m'engage à certifier l'existence » du *magnétisme*. J'éprouve une diminution » si visible et si réelle dans mes maux, » qu'il n'est pas permis de douter de la » cause qui l'a opérée ; j'ai fait, pendant » quinze mois, différens remèdes pour fondre » des glandes au sein, qui me causaient » beaucoup d'inquiétudes : les uns m'ont

» nui, et les autres n'ont eu que des effets » très-lents. Le *magnétisme*, dans cinq » mois d'un traitement suivi avec peu d'exac- » titude, a fait diminuer de moitié mon » incommodité. J'ai eu des crises dont je » n'ai ressenti que de bons effets ; j'ai » même engraissé dans le moment où elles » étaient les plus fortes : il serait difficile » de me prouver que je ne les ai dues qu'à » mon *imagination*. Je puis certifier qu'il » existe un agent que j'ai parfaitement » senti, et je serai toujours prête à signer » cette vérité. A *Paris*, ce 8 septembre » 1784. » Signé.

M. *Pinorel*, médecin, après avoir décrit sa maladie, dit à la fin de son certificat, (page 56.) : « ma juste reconnaissance pour » M. *Deslon*, notre maître, M. *Delafisse*, » (autre médecin qui l'avait magnétisé,) et » tous ces Messieurs, sera éternelle. Je ne » cesserai de publier avec autant de courage » que de vérité, que je dois la vie à leurs » généreux soins et au *magnétisme animal*. » A Paris, ce 9 juin 1784. » Signé.

Deux autres médecins, deux chirurgiens, un membre du collége de pharmacie, attestent comme M. *Pinorel*, leur guérison personnelle. Les deux premiers sont MM. *Houry et Thomas Magnines;* signés, septembre 1784 (page 33 du *Supplément.*) : les deux suivans, dont l'un était maître en chirurgie, nommé *Michaud*, et l'autre *Durand*, chirurgien-oculiste du duc d'Orléans, ont signé et daté du 28 août 1784. (page 67.)

M. *Patillon*, docteur en médecine de la faculté de *Besançon*, rend compte de trois cures étonnantes qu'il a opérées par le *magnétisme;* ensuite il dit : « d'après des » exemples aussi frappans, l'on ne peut, sans » manquer de bonne foi, nier l'existence du » *magnétisme*. Si quelqu'un doutait des » *faits* que j'avance, il peut s'adresser à moi, » je lui ferai voir les malades, et il sera » convaincu par ses yeux. A Paris, 25 septembre 1784. » Signé. (p. 32.)

M. *Robert*, professeur à l'école royale militaire, après avoir été magnétisé par M. *Dejussieu*, déclare que *nier l'existence du magnétisme animal, et attribuer les effets qu'il produit à l'imagination, serait pour lui mettre son imagination à la place de ses sens et de ses sensations.* « Alors, » ajoute-t-il, l'existence même est problé» matique, et le doute devient la mesure de » tout. A l'hôtel de l'école royale militaire, « 1er. septembre 1784. » Signé. (p. 55.)

Le célèbre avocat *Gerbier*, à la même date, *certifie qu'ayant été empoisonné en 1772, et épuisé par trente-cinq années du travail le plus pénible, il a été guéri par le magnétisme au traitement de M. Deslon.* « C'est d'après ces différens effets, » dit-il, qu'il s'est cru fondé à croire à la » réalité et à l'utilité de cet agent. Il lui doit, » etc., etc., etc......Voilà la vérité qu'il » atteste à l'acquit de sa conscience, et pour » le bien de ses concitoyens. » (page 54.)

Quel *agent*, en effet, et combien est merveilleux un *agent* de cette espèce; un fluide invisible, impalpable, qui échappe à tous les sens; car, suivant *Mesmer* et ses sectateurs, suivant ses examinateurs (p. 11 du *Rapport*), tel est le fluide mis en action par le *magnétisme animal;* quel agent, disons-nous, qu'un fluide de cette espèce! Quelle stupeur ne devait-il pas porter dans l'ame des spectateurs! Qu'est-ce que cet agent?

Mais ce n'est pas tout : non-seulement ce fluide dissipe toutes les humeurs nuisibles au corps de l'homme, non-seulement il rétablit l'équilibre dans celles qui sont nécessaires à sa santé, à sa vie; voici bien d'autres *prodiges :* il remet dans leur premier état des membres brûlés, des bras cassés!

« Je certifie, dit, le 28 septembre 1784,
» Mme. *la vicomtesse d'Allard* (page 19 du
» *Supplément.*), avoir mené chez M. *Deslon*
» un enfant de vingt-six mois, dont le bras
» avait été brûlé jusqu'au coude, et la peau
» entièrement enlevée, et qui a été par-
» faitement guéri en neuf jours, sans avoir
» mis aucune drogue sur son bras, et sans
» qu'il soit resté de marque. Il y avait vingt-
» quatre heures que cet enfant était brûlé,
» lorsque l'on commença son traitement,
» ce qui avait donné au mal le temps de
» faire tout son progrès. » Signé. (p. 19.)

Jean Gastal, garçon de cuisine, » dé-
» clare qu'un jour de fête, ayant un paquet
» de fusées dans la poche de son tablier,
» une étincelle y pénétre et enflamme les
» fusées. Il les serre entre ses cuisses pour
» étouffer le feu. L'explosion n'en fut que
» plus forte; il eut les deux cuisses en-
» dommagées, ainsi que le bas du ventre.
» M. *Deslon* qui assistait à la fête, accourt
» aussitôt, et lui magnétise les cuisses; il ne
» ressentit aucune douleur, et dès le lende-
» main il put enlever la peau qui avait formé
» une croûte, comme si elle eût été de
» quinze jours, sans la moindre cuison.
» Le 20 septembre 1784. » Signé. (p. 43).

» Il est certifié par le mari de Madame » *Lallemant*, qu'elle a eu le bras cassé » en mars 1784; qu'elle a été pansée par » plusieurs médecins et chirurgiens, tant » en province qu'à *Paris*, sans avoir reçu » beaucoup de soulagement, et que depuis » qu'elle va au traitement, elle se sent bien » soulagée. Le 21 août, même année. » Signé. (page 39.)

M. le prince *de Beaufremont* rend le même témoignage de l'*agent mesmérique*, au sujet du dérangement total de sa santé, et spécialement *d'une entorse considérable, de laquelle il certifie qu'il fut guéri le lendemain de l'accident, en une demi-heure*. « V , dit ce prince, l'exacte vérité des » sensations que j'ai éprouvées, et dont » je ne cherche pas à approfondir la cause. » Je puis assurer que depuis que je suis » le traitement de M. *Deslon*, je ne me » suis jamais porté plus parfaitement. A » Paris, ce 26 août. » Signé. (page 16 du *Supplément*.)

Sans doute le lecteur est dans le plus grand étonnement à la vue de l'efficacité de cet agent, qui, au dire de MM. les commissaires, *est nul*. Mais peut-être qu'en effet, ces Messieurs n'ont rien vu de toutes ces merveilles ; peut-être qu'ils les ont ignorées !

Cette observation fût-elle vraie, elle ne détruirait pas *les faits*, et pour peu qu'on veuille y réfléchir, on ne nous fera pas cette objection. Il est déjà suffisamment prouvé qu'il était impossible que les médecins, les académiciens de *Paris* ignorassent des guérisons sans nombre, opérées dans cette capitale avec le plus grand éclat, durant six ans, à dater du commencement de 1778, époque de l'arrivée de *Mesmer* à *Paris*, au mois de mars 1784, temps auquel le roi donna ordre à l'académie d'examiner les miracles de ce docteur.

Mais nous ne nous contentons pas de cette preuve. Nous allons démontrer par les propres paroles, par les aveux formels des savans commissaires, qu'ils ont parfaitement vu, qu'ils ont très-clairement connu et les prodigieuses opérations de *Mesmer*, et que *ces opérations*, ainsi que l'*agent* qu'il emploie, *n'étaient pas naturels.*

Rien n'est plus étonnant, disent MM. de l'académie royale (pages 4 et 8 de leur *Rapport.*), *après s'être transportés d'abord ensemble, puis chacun d'eux séparément, au traitement, rien n'est plus étonnant* que le spectacle dont on est témoin :

» Quand on ne l'a point vu, on ne peut
» s'en faire une idée, et en le voyant, on
» est également surpris. . . . . Tous sont
» soumis à celui qui magnétise; ils ont beau
» être dans un assoupissement apparent : sa
» voix, un regard, un signe les en retire.
» On ne peut s'empêcher de reconnaître
» *à ces effets constans*....... »

Ces effets constans, ce sont les effets *tenans du prodige*, dont ils font l'exposé depuis la page 4 jusqu'à la page 8.

« On ne peut s'empêcher de reconnaître
» à ces effets constans, *une grande puis-*
» *sance* qui agite les malades, les maîtrise,
» et dont celui qui magnétise semble être
» le dépositaire. »

Nous demandons ici avec ingénuité, mais qu'on nous réponde avec la même ingénuité, qu'on mette dans la réponse et vraisemblance et clarté : *qu'est-ce que cette grande puissance?*

MM. les commissaires de *la société royale de Médecine*, les ont vu aussi ces *effets constans* et cette *grande puissance* : ils l'avouent franchement, mais avec cette franchise que ne montrent pas MM. les commissaires de *l'académie royale des Sciences,* qui se perdent dans des explications fausses et forcées ; ils disent nettement *qu'ils n'en tiennent aucun compte*, qu'ils ne prétendent pas les expliquer. Excellente méthode sans doute, pour éclairer le roi, le public, et remplir leur mission, ou si on l'aime mieux, leur commission !

» Nous observerons, dit le *Rapport* de ces » Messieurs (p. 24.), que dans l'examen » des *faits*, nous ne nous sommes attachés » qu'à ceux qui sont ordinaires. . . . . « Nous avons *négligé* ceux qui sont *mer-* » *veilleux*, tels que le renouvellement des » mouvemens convulsifs par la direction » du doigt *à travers un mur.* »

Ce *fait* est véritablement fort extraordinaire ; mais tant extraordinaire soit-il, ces Messieurs l'ont vu ;

» Et les sensations éprouvées *à l'approche* » *d'un arbre ou d'un terrain que l'on avait* » *auparavant magnétisés.* » Autre *fait* très-extraordinaire, mais vu encore par ces Messieurs.

Ils disent de plus (p. 25.), et voici qui est clair :

» Nous avons cru ne pas devoir fixer » notre attention sur des cas insolites qui

» paraissent *contredire toutes les lois de* » *la physique*, parce que ces cas sont tou» jours le résultat de causes compliquées, » variables, *cachées*, *inextricables*, et que » par conséquent, il n'y a rien à conclure » de ces *faits*. »

Ne rien conclure de ces *faits*, parce qu'ils *contredisent toutes les lois de la physique*, voilà certes de belles conséquences; parce que les causes en sont *cachées*, nous avouons qu'elles sont *très-cachées*; parce qu'elles sont *inextricables*! C'est *inexplicables* qu'il fallait dire : le mot était naturel, il coulait de la plume; mais pour des membres d'académie royale, de société royale, et dans le dix-huitième siècle, et sous *Louis XVI*, pouvait-il, devait-il y avoir rien *d'inexplicable*? C'eût été une honte. Cependant, ils n'ont rien expliqué; mais nous laissons les réflexions aux lecteurs sans passion et instruits de ce que *le diable* sait et peut faire, et grâces éternelles au ciel en soient rendues, il en est encore quelques-uns de cette trempe.

Le *Rapport* de M. *Dejussieu* prouve plus évidemment encore, si cela se peut, que Messieurs ont vu, qu'en même temps ils n'ont pas voulu voir, et se sont aveuglés de propos délibéré. Pourquoi se sont-ils aveuglés? Qu'est-ce qui leur a lié la langue? C'est ce qui se développera suffisamment dans le courant de cet écrit.

M. *Dejussieu* range les *faits* en quatre classes : *faits* généraux, *faits* positifs, *faits* négatifs, *faits* indépendans de l'imagination. En voici un qu'il met dans cette dernière classe :

» Placé, dit à la page 28 de son *Rapport*, cet académicien célèbre et digne de sa célébrité, « placé d'un côté du baquet, » vis-à-vis une femme dont l'aveuglement » occasionné par deux taies fort épaisses, » avait été, un mois auparavant, constaté » par les commissaires . . . . , je » dirigeai à la distance de six pieds, une » baguette sur son estomac . . . . » Au bout de trois minutes, elle parût in» quiète, agitée; elle assura que quelqu'un » placé derrière ou à côté d'elle, la ma» gnétisait, quoique j'eusse pris auparavant » la précaution d'éloigner tous ceux qui » auraient pu rendre l'expérience douteuse.» (p. 29.) « Quinze minutes après, sai» sissant les mêmes circonstances, je renou» velai l'épreuve qui offrit exactement le » même résultat. Toutes les précautions pos-

» sibles en pareil lieu, n'avaient point été
» négligées ; j'étais assuré que la malade
» n'avait retiré d'autre avantage de son trai-
» tement, que *d'entrevoir confusément cer-*
» *tains objets à trois ou quatre pouces de*
» *distance.* »

C'était déjà quelque chose pour un pareil agent, savoir *une baguette* magnétique ou magnétisée tant qu'on voudra, *dirigée sur l'estomac, à la distance d'une toise.* Pourquoi M. *Dejussieu* ne continua-t-il pas ce traitement dont les commencemens étaient si heureux ? Fût-il au reste continué dans les jours suivans ; le fût-il par lui, ou par un tiers ; ne le fût-il pas ? C'est sur quoi ne s'explique pas M. *Dejussieu.* Seulement, il ajoute (même page.) : « l'heure avancée
» ne me permit pas de faire une troisième
» épreuve qui aurait peut-être *augmenté*
» *la conviction.* »

Il y aurait beaucoup à conclure de ce texte du savant académicien : d'abord *la conviction* était donc commencée ; et pourquoi ne l'avoir pas faite cette troisième épreuve *qui aurait peut-être augmenté la conviction?* Pourquoi n'en avoir pas fait une quatrième, une cinquième, en y employant, s'il le fallait, un des jours suivans? Le lecteur va croire qu'on n'a pas voulu *augmenter la conviction.*

M. *Dejussieu*, à l'exemple de ses collégues, n'a rien conclu de certains autres *faits* qu'il appelle *faits généraux*, tel que celui-ci, exposé page 12 de son *Rapport :*

» Un jeune homme fréquemment en crise » devenait alors muet, parcourait la salle, » touchait souvent les malades; son contact » régulier opérait quelquefois des crises » qu'il conduisait à leur terme, sans souffrir » de concurrence; revenu à son état na» turel, il parlait, ne se souvenait point » du passé, et ne savait plus magnétiser. » Je n'ai *rien conclu de ce fait*, ajoute-t-il, » répété plusieurs fois sous mes yeux. »

Que M. *Dejussieu n'ait rien conclu de ce fait*, à la bonne heure : nous voulons avec lui le regarder comme indifférent; mais qu'il n'ait *rien conclu*, ou rien voulu conclure des *faits* qu'il appelle *indépendans de l'imagination*, tel que celui de la femme ci-dessus, que lui-même a mis dans cette classe, c'est autre chose; ce procédé n'est pas indifférent, et la partialité, l'aveuglement volontaire sont ici trop marqués.

Cet ordre de faits mérite attention, avait-il dit très-sensément (page 27.) : « un seul *fait*

» *positif* qui démontrerait évidemment l'existence d'un agent extérieur, détruirait » tous les *faits négatifs* qui constatent seulement sa non-action, et balancerait ceux » qui assignent tout à l'*imagination.* » C'est ainsi qu'il s'exprime. Il place tout de suite au rang de ces *faits positifs* celui de cette femme dont la cécité avait été *constatée un mois auparavant par les commissaires*, dont plusieurs étaient notoirement d'habiles médecins; il commence lui-même la guérison, *après avoir pris toutes les précautions possibles en pareil cas* (p. 28.), *et éloigné tout ce qui pouvait rendre l'expérience douteuse;* il dit (p. 29.) : « je ne pouvais » me méfier ni des malades occupés de » tout autre objet, ni des médecins nou» vellement admis à suivre le traitement, » et qui cherchaient seulement à voir des » effets. Un des chefs de la salle était pré» sent, mais toujours à côté de moi, gar» dant le silence, et me laissant opérer à » mon gré. »

Puis après de si belles mesures, après un commencement si frappant de guérison, M. *Dejussieu* laisse la partie; il dit (page 29.) : « l'heure avancée ne me permit pas » de faire une troisième épreuve qui aurait

» peut-être augmenté la conviction. » N'est-ce pas là un subterfuge visible et peu adroit? On conviendra du moins que procéder ainsi, c'était s'arrêter en beau chemin.

Au reste, il y a tout lieu de croire que l'*agent extérieur* que n'a pas voulu continuer de voir M. *Dejussieu*, après l'avoir vu d'abord dans la guérison de la femme aveugle, et duquel il dit très-sérieusement (p. 27.) que, *si l'existence en était bien prouvée, elle détruirait tous les faits négatifs qui constatent seulement la non-action du magnétisme animal, et balancerait au moins l'opinion de ceux qui en assignent les effets à l'imagination*; il y a lieu de croire, on peut même dire, il est certain que cet agent a existé pour cette femme, et qu'il a complété sa guérison.

On lit (page 62 du *Supplément, etc.*) un certificat signé, daté du mois de septembre 1784, par lequel une Dame *Armand*, sage-femme, » déclare qu'elle a été privée tout-à-fait de la vue, qu'elle a été admise » au traitement le 15 juillet précédent..... » que le premier août, elle a commencé à » pouvoir supporter le jour; le 3, elle a » distingué les gros objets. Depuis ce temps, » elle a été de mieux en mieux : elle lit

» maintenant

» maintenant et écrit sans beaucoup de fa- » tigue. » Et ces époques de juillet, août, septembre 1784, sont précisément celles où M. *Dejussieu*, en sa qualité de commissaire-examinateur, suivait les expériences, fréquentait les salles de traitement, et travaillait à son *Rapport* qu'il a fini le 12 septembre 1784. Il pouvait donc, sans détour, attester qu'il avait vu dans le mesmérisme *cet agent extérieur* dont il avait tant desiré d'assurer l'existence ; qu'il l'avait vu *guérir une cécité absolue, bien constatée* par ses confrères, guérison qu'il était impossible, selon lui, d'attribuer à l'*imagination*. C'était donc là un des miracles, ou pour parler exactement, c'était là un des *faits* opérés par *Mesmer*, contre toutes les loix de la physique et de la nature, puisque le *mesmérisme*, le *magnétisme ne sont rien*, ne peuvent produire aucun bon effet ; et par une conséquence irrécusable, c'était une œuvre des *Démons*, n'étant une œuvre ni de Dieu, ni de ses Saints.

Quelques lecteurs pourront s'amuser ; d'autres lecteurs, penseurs plus sérieux, ne trouveront peut-être pas qu'il y ait tant à rire de la différence qui existe, et du contraste que nous allons présenter ici, entre MM.

nos philosophes du dix-huitième siècle, et ceux du dix-septième.

Vers la fin du siècle dernier, le savant Père *Lebrun*, de l'Oratoire, annonça en Provence, où il professait alors la physique, qu'il se proposait de publier un *Traité du discernement des effets naturels d'avec ceux qui ne le sont pas.*

Plusieurs années après, il remplit sa promesse au delà de ce qu'elle exigeait, et en 1702, le public reçut son *Histoire critique des pratiques superstitieuses qui ont séduit les peuples et embarassé les savans, avec la méthode et les principes pour discerner les effets naturels d'avec ceux qui ne le sont pas; in-12, à Rouen, chez la veuve Béhourt.*

L'ouvrage fut présenté à l'académie royale des Sciences, et cette illustre compagnie chargea MM. *de Fontenelle*, *Duhamel*, *Gallois*, *Dodart*, *de la Hire*, et le Père *Mallebranche*, de l'examiner et d'en rendre compte.

Or, voyez, siècle qui court, et jugez laquelle des deux philosophies, l'ancienne ou la moderne, vous semble la meilleure;

et auxquels philosophes, ou de ceux qui sont vos contemporains, ou de ceux qui vous ont précédé de cent ans, vous voulez donner la préférence.

Le 17 décembre 1701, les six académiciens royaux portèrent leur *jugement* que vous trouverez imprimé à la tête du livre; et ces académiciens, remarquez le bien, qui n'avaient connu *les faits* que d'après le Père *Lebrun*, sur les exposés qu'il en avait donnés dans son ouvrage, ayant vu lui-même les plus frappans de *ces faits*, accompagné de bons témoins; ces académiciens reconnaissent que *ces faits*, à en supposer la vérité, *doivent avoir des causes qui ne peuvent être rapportées à la physique*, et conséquemment que *ces faits* ne sont pas naturels. Ils reconnaissent donc que *certains faits* ont quelquefois de pareils causes; ils font profession de le croire, ils en donnent leur déclaration, ils la rendent publique; c'est M. *de Fontenelle* (1), en

(1) En vain dirait-on, à la vue du nom de M. *de Fontenelle*: » M. de Fontenelle a bien prouvé en » mettant au jour son histoire des Oracles, qu'il ne » croyait pas à la *magie*. » Vous vous trompez lecteur; à l'ouverture du livre, vous lirez ces paroles

sa qualité de secrétaire, qui la signe en leur nom, et atteste expressément qu'ils ont lu l'ouvrage chacun en particulier. Ils ne s'avisent pas de dire que *de ces faits il n'y a rien à conclure*, et ne se mettent pas l'esprit à la torture pour attribuer *à l'attouchement, à l'imagination, à l'imitation, des faits qui contredisent toutes les loix de la physique.*

Ils insèrent, il est vrai, dans leur jugement, cette clause très-sage; savoir : que les pratiques combattues par le Père *Lebrun, si elles ne sont pas de pures impostures des hommes*, devaient avoir des causes qui ne peuvent être rapportées à la physique; mais cette clause, eût-elle été applicable aux prodiges cités par le Père *Lebrun*, elle ne l'est pas aux prodiges opérés par *Mesmer.* Son imposture n'étant pas cachée, n'était pas une imposture : elle était toute entière dans son appareil, son baquet, ses verges de fer, ses chaînettes, etc. . . . ; et ces moyens ne pouvaient évidemment opérer les pro-

---

de M. *de Fontenelle*; elles sont décisives : *Il est indubitable que le démon se mêle de la magie.* C'est que M. *de Fontenelle* n'était un philosophe que du dix-septième siècle.

diges que *Mesmer* opérait. Ces prodiges *devaient avoir des causes qui ne peuvent être rapportées à la physique*. C'est ce qu'il fallait déclarer.

Nous vous le répétons donc, siècle qui court, jugez entre les philosophes vos contemporains, et les philosophes leurs prédécesseurs de cent ans, et voyez desquels vous aimeriez-mieux recevoir des leçons et des lumières.

Il n'est pas un siècle, soit passé, soit à venir, qui ne se décidât promptement pour les philosophes du dix-septième, si on lui mettait sous les yeux ce qu'écrivit Monsieur *Dodart* pour manifester son *sentiment* particulier touchant l'*Histoire critique, etc.* par le Père *Lebrun*. Ce Père n'a pas manqué, dans sa préface, d'ajouter ce morceau au *jugement* de MM. les académiciens; et l'on va voir par le court extrait que nous en donnons, que le *sentiment* de M. *Dodart* est d'un vrai philosophe, et l'honore autant que l'auteur sur lequel il l'a prononcé.

» J'ai lu avec beaucoup de satisfaction, » dit cet académicien..... Comme il y a » dans ce livre des faits qu'on ne saurait » contester, mais dont on ne saurait aussi » trouver des causes physiques et naturelles, » quoiqu'en puissent dire quelques physi-

» ciens, d'ailleurs considérables, l'auteur
» s'est avisé d'un expédient très-sensé.....
» non en cherchant dans des causes phy-
» siques l'explication des faits inexplicables
» par ces causes. . . . . , mais en
» donnant occasion à toutes les personnes
» équitables de reconnaître sensiblement
» d'autres causes que les naturelles, et d'au-
» tres prodigés que les miracles. . . . .
» Le dénouement de semblables histoires,
» autant que la physique et la théologie
» peuvent y contribuer, sera toujours pour
» les physiciens de dire, *si le fait est*
» *vrai, il est surnaturel;* ce qui arrive
» plus souvent que ne pensent les prétendus
» esprits forts, et beaucoup plus rarement
» que ne pensent les peuples et la foule
» des ignorans. Après cela, il appartient aux
» théologiens de dire : *si le fait est vrai,*
» *il est miraculeux, et vient du bon prin-*
» *cipe; ou il est superstitieux, et vient*
» *immédiatement du mauvais principe.*
» Heureusement pour ce livre, l'auteur est
» également philosophe et théologien. *Signé*
» Dodart. »

Si M. *Dodart*, au reste, rend justice au Père *Lebrun*, celui-ci ne s'est pas montré peu reconnaissant; en annonçant le *senti-*

ment de M. *Dodart* sur son ouvrage, il dit : « c'est un savant distingué par une » érudition, une justesse d'esprit, et une » probité connue à la cour, à la ville, » etc. . . . . »

En commençant l'article de *Mesmer*, nous avons qualifié de burlesques, ridicules, insignifiantes, les explications données par les médecins de *Paris*, qui avaient été témoins des cures prodigieuses, produites par ce docteur, et l'on a vu que ces épithètes étaient méritées. Nous ne pouvons nous empêcher, en finissant cet article, de démontrer que ces explications prétendues méritent d'autres épithètes plus piquantes encore, dont nous abandonnons au lecteur la dénomination.

Voici ce qu'on lit dans la *lettre d'un médecin de la faculté de Paris, à un médecin du collége de Londres*, lettre dont nous avons parlé plus haut. L'auteur de cette pièce, après avoir formellement avoué (page 45), qu'il était impossible de contester la réalité des guérisons opérées par *Mesmer*, lesquelles guérisons il appelle des miracles, il en attribue la cause, ainsi que ses confrère *à l'imagination*. Il fait un grand raisonnement pour prouver l'influence de cet agent sur le corps ; il, dit qu'il se propose de composer *sur cette matière un ouvrage absolument neuf.* Puis il ajoute, faites attention, lecteur ; il ajoute : » je » prouverai, jusqu'à l'évidence, qu'on peut » *employer l'imagination comme acide ou* » *comme alkali*, suivant les diverses cir- » constances des maladies qu'on est dans » le cas de traiter. En attendant, je dois dire » ici que j'en ai obtenu de très-bons effets, » en la prescrivant *comme eau de poulet* » *ou eau minérale*, dans les paralysies opi- » niâtres et les maladies nerveuses. »

Nous convenons bonnement que nous ne savons s'il faut en croire nos yeux, ou, si ces lignes qui se lisent à la page 47 de cette lettre, très-bien faite d'ailleurs, sont écrites en une langue qui nous est inconnue, si elles résultent de quelque erreur ou méprise de l'imprimeur ou du prote ; elles prouveront du moins à quiconque pourra croire qu'elles sont de l'auteur de la *lettre*, jusqu'à quel point de vertige et de délire, en viennent les meilleures têtes, quand elles rejettent les lumières présentées par la raison, l'expérience des siècles et la religion, qui apprennent à tous les hommes que *tout fait évidemment contraire aux loix de la nature*, *comme les guérisons opérées par Mesmer, ne doit être attribué qu'à Dieu ou aux Démons.*

Ce médecin ne s'était cependant pas dissimulé toute la force des raisons qu'on peut opposer à son hétéroclite opinion. » Oh ! » comment croire, dit-il, aux pages déjà » citées, qu'avec *le simple secours de l'imagination*, on puisse guérir des obstructions, » des rhumatismes, des paralysies, rétablir » un estomac délabré, dissoudre des glandes » squirreuses, donner la faculté de voir, » d'entendre, de toucher, etc. . ; car M. » *Mesmer*, opère tous ces miracles (1)..... » Beaucoup de personnes, je le sens bien, » auront de la peine à croire qu'on puisse » vaincre une maladie chronique, c'est-à-» dire, fondre des obstructions anciennes, » épurer des humeurs dépravées, fortifier » des organes affaiblis, *par le simple se-» cours de l'imagination* ; ils demanderont » si l'on a jamais vu une seule colique » appaisée, une fièvre éphémère dissipée » par ce singulier remède. . . . »

(1) Que le lecteur remarque cet aveu d'un des premiers médecins de *Paris*, et du plus habile peut-être qu'il y eût alors !

C'est ce que dit formellement *le médecin de la faculté de Paris*, et ces objections, sans doute, sont raisonnables et sans replique; mais quand l'aveuglement est volontaire, sous la main juste de Dieu, il devient nécessaire : « ils n'ont pas reçu la vérité; ils » ne l'ont pas aimée, c'est pourquoi Dieu « leur enverra l'esprit d'erreur; ils croiront » au mensonge. » *Caritatem veritatis non receperunt. . . . . ideò mittet illis Deus operationem erroris ut credant mendacio.* (2 thess. 2. 10.) C'est la peine qu'ont subie, par un juste jugement de Dieu, les aveugles spectateurs des œuvres diaboliques du magicien *Mesmer*, et peut-être plus que tous autres, ceux qu'il a eu pour examinateurs et pour juges.

Ce n'est pas de cette seule manière, au reste, c'est-à-dire, en faisant des guérisons surnaturelles, que ce séducteur a trompé la France. Ses étranges procédés ont amené d'autres *prodiges* plus marqués encore, s'il est possible, au coin de l'enfer.

Dans un sommeil feint ou véritable, les *Mesmériens* le prétendent très-profond, dans un sommeil feint ou véritable, causé par ces mêmes procédés, quantité de personnes de l'un et de l'autre sexe, ont acquis les talens les plus extraordinaires, comme d'annoncer les choses cachées soit dans le passé, soit dans l'avenir; de posséder les sciences sans étude, telles que la *botanique* et la *médecine*; de connaître les plus grands secrets; de mettre au jour les pensées d'autrui, de produire en un mot des effets qui demanderaient toute la sagacité, toute la force d'esprit des hommes les plus habiles et les plus éclairés.

Nous allons rapporter ces nouveaux *faits*, dont *Paris* et *Versailles* ont été témoins, et que presque toute la France a vu dans les *somnambules* et sous le nom de *somnanbulisme*, autre merveille qu'il est de notre plan d'examiner.

Le *Moniteur*, feuille très-connue que déjà nous n'avons pu nous dispenser de citer, est venu, on ne peut pas plus à propos, nous seconder au moment que nous projetions ce petit ouvrage; il rappelle à ceux qui les auraient oubliés, le souvenir des *faits* des *somnambules*, et si sa science ne suffit pas à les expliquer, du moins son témoignage les confirme.

A l'occasion de nouveaux *Mémoires de F.-A. Mesmer, docteur en médecine, sur ses découvertes; un vol. à Paris, chez Fuchs, libraire, rue des Mathurins-Jacques,* le n°. du 1er. fructidor an 7, s'exprime comme il suit : « en prouvant la » possibilité de communication du *magnétisme, Mesmer* donne *l'explication* d'un » phénomène très-singulier, celui du *somnambulisme*, et par suite celle de la » *démonargie*, des oracles, des *sybilles*, » etc. . . . .

Voyons cette explication : « Il attribue » cet état *aux modifications de la matière » et du mouvement;* les facultés dont il est » accompagné, telles que la découverte du » passé et la prédiction de l'avenir, *à la » faculté que nous avons de sentir tous les » rapports que les évènemens et les êtres ont » avec notre conservation.* »

Le lecteur conviendra que cette *explication* est au moius singulière, si elle n'est pas lumineuse. Il se trouvera sans doute des hommmes d'esprit qui y comprendront quelque chose; pour nous, nous avouons que nous n'y comprenons rien. Quoi, parce que *je sentirais tous les rapports que les évènemens et les êtres ont avec ma con-*

servation! . . . . .D'abord cette assertion est fausse. Il est faux que nous *ayons la faculté de sentir tous les rapports que les évènemens et les êtres ont avec notre conservation*. Ces *rapports* sont immenses ; ils sont infinis, les évènemens eux-mêmes le sont pour moi. Dieu seul connaît *et ces évènemens et ces rapports*. Mais, parce que je sentirais tous les rapports que les évènemens et les êtres ont avec ma conservation, je pourrais dire : en tel temps, en tels lieux, telle personne a fait telle chose ; en tel temps, en tels lieux, telle personne fera ou dira telle autre chose ; ou bien, que l'on cherche en tel endroit, on y trouvera telle ou telle chose ! Nous laissons, disons-nous, à certaines gens d'esprit, c'est-à-dire, à ces gens d'esprit qui se paient de mots, de croire à ces absurdités. Nous avouons que nous n'y croyons, ni ne les comprenons. Il y a plus, nous avançons, sans crainte d'être démentis, ni qu'on nous prouve notre erreur à cet égard, nous avançons que ce principe ou ce mode de divination, n'a ni ne peut avoir aucune existence, aucune efficacité, et que c'est une parfaite chimère.

D'ailleurs, cette *matière aux modifications*

de laquelle l'explicateur *attribue cet état* prophétique, quelle est-elle? Veut-il parler de la matière qui m'est inhérente, la matière de mon corps? Veut-il parler de la matière qui est hors de moi, et avec laquelle je communique? Autre absurdité, nouvelle extravagance! Qui est-ce qui concevra jamais que *les modifications ou le mouvement* ni de l'une ni de l'autre matière, puissent me donner la faculté de prophétiser et de rendre des oracles? C'est expliquer une chose obscure par une chose encore plus obscure : *obscurum per obscurius*.

Continuons d'entendre l'explicateur. Voici qui peut-être sera plus clair : « La faculté » qu'ont les *somnambules* de lire dans le » passé et dans l'avenir, s'explique par la » même *raison* que nous voyons souvent » une personne à laquelle nous n'avons » rien dit qui pût lui faire deviner notre » pensée ou notre volonté, avoir la même » pensée et la même volonté que nous. » Cela arrive même à des distances très- » éloignées. »

Il n'est qui que ce soit qui ne sente ici la futilité, ou pour mieux dire, la nullité de cette *raison*. Il arrive souvent, il est vrai, que deux personnes, sans se rien communiquer, ont la même pensée et la même volonté. C'est un *fait* qui a pour cause la ressemblance ou l'identité des circonstances dans lesquelles ces personnes se trouvent. Mais il ne s'en suit pas de là que mon voisin ou ma voisine, ou tout autre individu, éloigné de moi, peu ou beaucoup, lira dans mon ame quand il le voudra, qu'il devinera ni ma volonté ni ma pensée, sur-tout quand je prends à tâche de cacher soigneusement l'une et l'autre. De plus, la différence est grande entre avoir la même pensée, la même volonté qu'autrui, et deviner la pensée et la volonté d'autrui, de la manière sur-tout que l'ont *fait les somnambules*. Le premicr effet, comme nous venons de le dire, s'explique très-bien par l'identité ou parité des circonstances; le second ne peut être le produit que de Dieu ou du Démon; et qui est-ce qui oserait attribuer à Dieu, l'état prophétique où la France a vu les *somnambules?*

» *Mesmer*, ajoute l'explicateur, attribue » ce phénomène à ce que les mouvemens » de la pensée, modifiés dans le cerveau et » dans la substance des nerfs, étant com- » muniqués en même temps à la série d'un

» fluide subtil avec lequel la substance des » nerfs est en continuité, peuvent indé» pendamment et sans le secours de *l'air* » *et de l'éther*, s'étendre à des distances » infinies, et se rapporter immédiatement » au sens interne d'un autre individu. Cette » doctrine qui est fondée toute entière sur » la loi du plein, explique parfaitement cette » anecdote du lion échappé de la ménagerie » de *Florence*. . . . , etc. . . . . »

Il faut être arrivé à la fin du 18e. siècle, siècle de lumières, que nous cependant prenons la liberté d'appeller siècle de ténèbres; il faut être arrivé à la fin du 18e. siècle, pour rencontrer de pareilles *explications*, qui plus est, pour y comprendre quelque chose. Ce n'est pas pour nous une peine légère, à la vue de ces *explications*, et en présence des explicateurs de tous ces phénomènes dont Paris a été assailli depuis quelques années, d'être toujours obligés de nous écrier : *fiat lux*, et *qui potest capere, capiat !*

Nous savons bien, et nos écoles nous ont appris que la matière inerte par elle-même, a reçu une impulsion primitive qui la met dans un état de *mouvement* continuel; que ce terme, *mouvement*, porte nécessairement

cessairement avec lui l'idée de matière, de sorte que le *mouvement* ne peut être conçu que dans ce qui est *corps* ou *matière :* mais jamais on ne nous a appris que *la pensée* qui est tellement identifiée avec *l'esprit*, que les plus grands philosophes et métaphysiciens confondent l'un avec l'autre, et soutiennent qu'on ne peut les séparer, même par hypothèse, ou par supposition ; jamais on ne nous a appris que *la pensée*, non plus que *l'esprit*, fût susceptible de mouvement ; (il y a plus, les professeurs de logique et de métaphysique ont toujours enseigné le contraire.) et ces expressions, *les mouvemens de la pensée*, sont absolument neuves et inintelligibles pour nous.

Ce n'est pas tout. Accordons, si on le veut, *que la pensée se meut dans le cerveau, qu'elle est modifiée dans le cerveau et dans la substance des nerfs.* Qu'est-ce que c'est que ce *fluide subtil* qui l'emporte cette pensée, lui sert de conducteur et de véhicule, lequel fluide n'est ni *l'air ni l'éther ;* mais communique, *est en continuité avec la substance des nerfs ;* et par les nerfs, soit miens, soit ceux d'un autre individu, entre immédiatement dans mon *sens interne*, et m'apporte la pensée de cet individu? Est-il possible, le disons-nous encore en gémissant, que la fin du 18e. siècle, siècle des lumières, voie imprimer de si profondes sottises! Est-il possible que le plus chétif lecteur n'ait pas mis en cendres ou en lambeaux, l'impertinente feuille qui les contient?

Cette doctrine qui est fondée toute entière sur la loi du plein, etc. . . . . Si cette doctrine était vraie, si *la loi du plein* entraînait de pareilles suites, c'est-à-dire, si les pensées d'un tiers venaient à volonté réciproque, ou sans cette volonté, se loger dans d'autres cervelles; quel cahos, quelle confusion! Que les pauvres têtes humaines seraient tourmentées! Qu'elles seraient à plaindre! Combien y a-t-il qu'elles seraient renversées, ou plutôt, auraient-elles jamais pu subsister? Et puis, comment la simple volonté humaine suffirait-elle à opérer cet effet?

Ce n'est pas par cette doctrine, *prétendue fondée* snr la loi du plein, qu'on expliquera jamais l'anecdote du lion échappé de la ménagerie de *Florence*; et quand ce fait s'expliquerait par *la loi du plein*, quand on accorderait que les cris déchirans de la mère, prête à voir dévorer son enfant, ont fait impression sur le lion, il ne s'en suivrait pas que *cette loi* pût apporter à un tiers la connaissance de la pensée et de la volonté d'autrui, et de plus la faculté d'énoncer l'une et l'autre.

Sur ce fait merveilleux, nous avons consulté des *Florentins* instruits. Tous nous ont dit que dans le temps, toute la ville de *Florence* avait donné ce prodige aux invocations enflammées de Dieu et des Saints, mêlées aux cris de la mère et à sa foi. Cette explication, très-admissible, suffit à tout homme de bon esprit, et il n'est nullement nécessaire pour expliquer ce *fait*, de recourir à la correspondance qui existe entre les êtres animés.

« Mais, dira-t-on, reprend l'explicateur,
» l'on conçoit que les *somnambules* con-
» naissent le passé; mais comment peuvent-
» ils deviner ce qui n'est pas? Précisément
» parce qu'ils ont déjà vu ce qui est. Voir
» le passé, dit *Mesmer*, n'est autre chose
» que sentir la cause par l'effet; et prévoir
» l'avenir, c'est sentir l'effet par la cause. »

Il est bon d'observer que le nouveau *Mesmérien*, ou le nouveau publicateur de la doctrine de *Mesmer* confirme ici, comme nous l'avons dit, la vérité de ce *fait* prodigieux des *somnambules*; savoir : qu'ils ont su lire et dans le passé et dans l'avenir. Mais quelle nouvelle sottise que son explication ! D'abord, on peut lui nier nettement ce qu'il avance : *l'on conçoit que les somnambules connaissent le passé*. C'est précisément ce que l'on ne conçoit pas du moins par les moyens dont ils disent le connaître; et si l'on ne conçoit pas qu'ils puissent connaître le passé par ces moyens, l'on ne concevra pas davantage que par ces mêmes moyens, ils puissent connaître l'avenir. De ce que des hommes d'un esprit pénétrant puissent deviner certaines causes par certains effets, il ne s'en suit nullement que ces hommes connaîtront le passé; de même, de ce qu'ils devinent certains effets par certaines causes, il ne s'en suit pas non plus qu'ils puissent connaître l'avenir. Nous le répétons, le calcul des probabilités humaines, est immense, il est infini; Dieu seul le peut faire, et c'est avec raison que l'explicateur lui-même dit « qu'on peut objecter à *Mesmer*, » qu'il arrive souvent que ce calcul n'est » point exact, et que l'effet n'est pas tou» jours la dérivation précise de la cause

» avec laquelle on aurait pu lui supposer le » plus de rapport. »

Si donc les *somnambules* de nos jours, ont en effet connu maintes choses passées, très-cachées, très-secrètes et très-oubliées ; s'ils ont eu l'audace de prédire des choses à venir, que nul esprit humain ne pouvait prévoir et circonstancier, comme ils l'ont *fait;* ce n'était point par les procédés connus du *mesmérisme*, ni du *somnambulisme*. Il faut partir d'une autre cause : ces *faits* n'ont résulté que de la science des Démons, et de la communication avec les Démons.

Il est plusieurs lecteurs qui, sans doute, ne se contenteront pas, pour croire aux *faits des somnambules*, du témoignage récent du *Moniteur*, ou des nouveaux *Mémoires sur le Mesmérisme*, débités l'an 7, chez le le libraire *Fuchs*. Ils voudront des certificats authentiques de témoins oculaires et plausibles. Il est juste de leur en donner de cette espèce.

Nous avons déjà présenté les attestations irrécusables de MM. *de Puységur*, au sujet des cures merveilleuses qu'ils ont opérées par *le magnétisme animal*, dans leur terre de *Buzancy*, près de *Soissons*, en 1784. L'auteur d'un *recueil de pièces intéres-*

santes, sur ce même *Magnétisme*, recueil qui parut à *Paris*, même année 1784, cite spécialement sur *les effets du somnambulisme*, *la lettre* d'un homme en place dans la ville de *Soissons*, qui se soussigne, et qui s'était rendu de cette ville à *Buzancy* pour voir de ses yeux lesdits *effets*, de compagnie avec MM. *de Puységur*.

Voici un extrait de cette *lettre* sur laquelle nos observations seront bientôt faites : « M. » *de Puységur* que je nommerai dorénavant » *le maître*, dit M. *Cloquet*, auteur de la » lettre, choisit entre ses malades plusieurs » sujets que, par attouchement de ses mains » et présentation de sa baguette, verge de « fer de quinze pouces environ, il fait » tomber en crise parfaite. Le complément » de cet état, est une apparence de sommeil » pendant lequel les facultés physiques pa» raissent suspendues, mais *au profit des* » *facultés intellectuelles*. On a les yeux » fermés, le sens de l'ouïe est nul. Il se » réveille seulement à la voix du maître. » Il faut bien se garder, continue la lettre, » de toucher le malade en crise, même la » chaise sur laquelle il est assis ; on lui » causerait des angoisses, des convulsions » que le *maître* seul peut calmer. Ces ma-

» lades en crise, qu'on nomme *médecins*,
» ont un pouvoir *surnaturel*, par lequel,
» en touchant un malade qui leur est pré-
» senté, en portant la main même par-dessus
» les vêtemens, *ils sentent* quel est le viscère
» affecté, la partie souffrante; *ils le dé-*
» *clarent, et indiquent à-peu-près les re-*
» *mèdes convenables.*

» Je me suis fait toucher, dit de suite
» M. *Clocquet*, par un de ces *médecins*.
» C'était une femme d'à-peu-près cinquante
» ans. Je n'avais certainement instruit per-
» sonne de l'espèce de ma maladie. Après
» s'être arrêtée particulièrement à ma tête,
» elle me dit que j'en souffrais souvent,
» et que j'avais habituellement un grand
» bourdonnement dans les oreilles, ce qui
» est très-vrai. Un jeune homme, specta-
» teur incrédule de cette expérience, s'y est
» soumis ensuite, et il lui a été dit qu'il
» souffrait de l'estomac; qu'il avait des
» engorgemens dans le bas ventre, et cela
» depuis une maladie qu'il a eu il y a quelques
» années, ce qu'il nous a confessé être
» conforme à la vérité. Non content de
» cette divination, il a été sur-le-champ
» à vingt pas de son premier *médecin*, se
» faire toucher par un autre, qui lui a dit

» la même chose. Je n'ai jamais vu de stu-
» péfaction pareille à celle de ce jeune
» homme qui, certes, était venu pour
» contredire, persiffler, et non pour être
» convaincu. Une singularité non moins re-
» marquable que tout ce que je viens de
» vous exposer, c'est que ces *médecins* qui,
» pendant quatre heures, ont touché des
» malades, ont raisonné avec eux, ne se
» souviennent de rien, de rien absolument,
» lorsqu'il a plu au *maître* de les désen-
» chanter, de les rendre à leur état naturel.
» Le temps qui s'est écoulé depuis leur entrée
» dans la crise jusqu'à leur sortie, est pour
» ainsi dire nul, au point que l'on pré-
» sentera une table servie à ces *médecins*
» endormis, ils mangeront, boiront; et si,
» la table desservie, le *maître* les rend à leur
» état naturel, ils ne se rappelleront pas d'a-
» voir mangé. Le *maître* a le pouvoir non-
» seulement, comme je l'ai déjà dit, de se
» faire entendre de ces *médecins* en crise;
» mais, et je l'ai vu de mes yeux bien
» ouverts, je l'ai vu présenter de loin le
» doigt à un de ces *médecins* toujours en
» crise, et dans un état de sommeil spasmo-
» dique, se faire suivre par-tout où il a
» voulu, ou les envoyer loin de lui, soit

» dans leur maison, soit à différentes places
» qu'il désignait, sans le leur dire; retenez
» bien que le *médecin* a toujours les yeux
» fermés. »

Quoique le témoin de cet étrange *fait*, témoin qui n'était pas seul, mais qui était accompagné de cent autres témoins, puisqu'il dit au commencement de sa *lettre*, que ce *fait* et plusieurs de même nature, *se répétaient tous les jours sur la place publique de Buzancy, autour d'un arbre antique, immense, sous les yeux d'un nombre infini de curieux*; quoique le témoin de cet étrange *fait* paraisse ne pas douter que le sommeil de ces nouveaux devins, docteurs, médecins, botanistes, ne fût très-véritable, il est permis de rester là dessus dans l'incertitude, ou même de croire qu'il n'était que simulé, ainsi que nous l'avons insinué en commençant cet article; c'est ce qui importe fort peu pour le merveilleux du *somnambulisme* : ce n'est pas là le miracle, ou ce qui est le plus à remarquer. Ce qui était *très-réel*, ce qui n'était pas feint ou apparent, ce qu'il ne faut pas perdre de vue, c'est que ce sommeil se faisait *au profit des facultés intellectuelles*. Dans ce sommeil profond ou fictif, *le somnambule* ou *la somnambule*, eussent-ils été élevés dans la plus crasse ignorance, jusqu'à ne pas savoir lire, devenaient savans. Ils décrivaient dans la plus parfaite exactitude, et se servant des termes propres, les maladies de ceux qui leur étaient adressés; ils nommaient distinctement les plantes les plus rares, les herbes les moins connues, nécessaires à la guérison; ils indiquaient les lieux où l'on pouvait les trouver, et souvent c'était des lieux déserts et éloignés; ils employaient à propos les termes de l'art, *les mots techniques*. Si on les interrogeait sur d'autres objets, sur des choses passées ou futures qui n'avaient nul rapport aux maladies, ils répondaient clairement et avec justesse, et prouvaient par là qu'ils avaient connaissance de choses secrètes qui ne concernaient nullement les arts, ni de *médecine*, ni de *botanique*. C'est ce qu'atteste encore la *lettre* que nous venons de rapporter.

» J'oubliais de vous dire, ajoute M. *Cloc-*
» *quet*, que l'intelligence de ces *médecins*
» est d'une susceptibilité singulière. Si à
» des distances assez éloignées, il se tient
» des propos qui blessent l'honnêteté, ils
» les entendent, pour ainsi dire intérieu-
» rement. Leur ame en souffre, ils s'en plai-

» gnent, et en avertissent le *maître ;* ce » qui plusieurs fois a donné lieu à des » scènes de confusion pour les mauvais plai» sans, qui se permettaient des sarcasmes » inconsidérés, et déplacés chez M. *de Puy*» *ségur.* »

Voilà sur *les faits du somnambulisme,* ce qu'on peut appeler une attestation authentique. C'est la *déposition* d'un témoin oculaire, témoin bien accompagné, *déposition* rendue publique, dans l'année même où *le fait* a eu lieu, savoir en 1784. C'est une pièce dont l'auteur dit d'une part : « attiré » comme les autres à ce spectacle, j'y ai » tout simplement apporté les dispositions » d'un observateur tranquille et impartial; » très-décidé à me tenir en garde contre » les illusions de la nouveauté, de l'éton» nement; très-décidé à bien voir, à bien » écouter; » et dont l'éditeur dit d'autre part : « cette lettre contient des *faits* bien » extraordinaires; mais qui, quelqu'extraor» dinaires qu'ils soient, ne seront pas faci» lement contestés, car ils peuvent être » reproduits tous les jours. »

Il était nécessaire, peut-être pour la conviction de quelques lecteurs, que nous la produisissions cette *déposition.* Pour nous, pour des milliers de Français, cette pièce est superflue; il n'est peut-être pas en France une ville, pour peu considérable qu'elle soit, qui n'ait eu ou son *somnambule* ou sa *somnambule;* et ainsi que nous venons de le dire, on les a vus décrire avec une étonnante facilité, des maladies qui étaient une énigme pour les médecins les plus habiles; on les a vus, dans le règne végétal et le minéral, assigner les remèdes, comme s'ils eussent étudié à fond ces différentes parties; on en a vu découvrir les pensées et actions secrètes de certaines personnes qui ne les consultaient pas. Et c'est en France, nous le répétons, que ces *faits* ont eu lieu, en présence d'un nombre infini de nationaux et d'étrangers, qui, s'ils ne s'obstinent à un silence perfide à la société, les publieront sur les toits, avec toutes les circonstances qui en démontrent le *non-naturel!*

C'est à l'époque de l'apparition de ces *somnambules*, engeance sortie du *démonolâtre Mesmer*, que parut sur la scène, à *Paris*, un autre *démonolâtre* ou *magicien*, qui non-seulement a réuni dans lui tous les talens de ses devanciers, mais les surpassa même de beaucoup, soit dans les effets, soit dans la manière dont il sut les produire, le fameux *Cagliostro*.

Ce *Roué*, protégé des premiers courtisans qu'il avait séduits, s'introduisit à la cour et chez les princes. Il disait qu'il communiquait à son gré avec les anges ou intelligences célestes; ce qu'il y a de certain, c'est qu'il a fait entendre, en rase campagne, des paroles comme venues du ciel, et ses moyens, quoiqu'au fond les mêmes, c'est-à-dire *démoniaques*, semblaient bien supérieurs à ceux du *démonolâtre Saint-Gille*, qui se donnait pour l'auteur de ces voix aëriennes, lorsqu'il était évident, et que *Cagliostro* convenait que ces voix n'étaient pas de lui. Il a fait voir à *Paris* et à *Versailles*, dans des miroirs, sous des cloches de verre, et dans des bocaux, des spectres animés et se mouvans, d'hommes et de femmes morts depuis long-temps, comme *Marc Antoine*, *Cléopâtre*, et autres qu'on lui demandait, œuvre diabolique, vue dès les premiers siècles de l'*église*, et sur le diabolisme de laquelle prononcèrent expressément des personnages qu'on n'accusera pas d'avoir été peu éclairés, *Tertullien*, *St.*-

Justin, surnommé le philosophe, *Lactance*, *Saint-Cyrille*, de Jerusalem, *etc.*, *etc.*......
» Il évoquait les morts au point qu'il fit
» trouver à un souper cinq ou six défunts
» très-illustres, tels que *Socrate*, *d'Alem-*
» *bert*, *Voltaire*, *etc.* »

Sur ce *fait*-ci, nous employons li[illegible]ale-ment les expressions du premier volum[illegible]es *Anecdotes du règne de Louis XVI*, (page 400.) imprimées à *Paris* en 1791; ce qu'il faut bien remarquer, parce qu'alors l'infortuné monarque vivait, et que la plupart des grands de sa cour, témoins de ces prodiges, étaient encore en France, et n'ont pas été tentés d'en contredire devant lui la vérité.

» Les guérisons qu'il opéra (*à Strasbourg*)
» furent en grand nombre, et si merveilleuses,
» qu'en peu de temps sa maison se trouva
» pleine de béquilles qu'y avaient laissées
» les estropiés qu'il avait guéris. »

Nous tirons ce *fait* de sa *vie* traduite de l'italien, (page 133, 1re. édition.) : « Dans sa
» *lettre du peuple Français*, datée de *Londres*
» le 20 juin 1786, il prédit que la bastille
» sera détruite, et deviendra un lieu de
» promenade. »

Ce fait est encore consigné dans sa *vie*

(page 68.). Dans cette *lettre*, dit cette même *vie* (même page.) : « On parle très-clairement » de la révolution prochaine.

Et comme, pour tirer du *Démon* des réponses, et opérer ses merveilles, il choisissait de jeunes filles ou de jeunes garçons, dans l'âge de la plus grande innocence, qu'il appelait ses *pupilles* ou *colombes*, dans le procès qu'on lui a intenté à *Rome*, sa femme a déposé que, bien qu'elle ait cru « que » plusieurs des pupilles avaient été prévenus » par son mari, surtout ce qu'ils avaient » à répondre dans les travaux, quelques » autres cependant, choisis et amenés à » l'improviste, n'avaient pu opérer *que par* » *un art diabolique.* » (page 177.)

Est-il étonnant, après de tels *faits*, qu'en 1796, l'auteur de l'*Histoire de la conjuration de Robespierre*, au même endroit de son livre où il rapporte que *Mesmer* « fit » croire à la *foule innombrable* de ses dis» ciples....... qu'il avait l'art de produire » on ne sait quel état, qu'il appelait *som*» *nambulisme*, pendant la durée duquel » celui qui en était frappé, lisait dans l'avenir » avec une merveilleuse facilité. »

Est-il étonnant qu'il ait dit que *Cagliostro* » persuada à des philosophes qui niaient l'exis-

» tence de l'être suprême, que lui, *Caglios-*
» *tro*, évoquait les ombres et conversait
» avec elles. » (page 27, 2e. édition de l'*Hist.*
de Robespierre.)

Bien que cet auteur ne croie pas à la possibilité de pareils *faits*, son témoignage confirme au moins que d'autres que lui y ont cru; et rien n'est si vrai, d'ailleurs, que ce qu'il raconte tant de *Mesmer* que de *Cagliostro*. Les philosophes dont il parle, ainsi qu'une *foule innombrable* d'autres hommes, philosophes aussi, sans affectation de philosophie, les ont crus ces *faits*, parce qu'ils les ont vus.

Au sujet de la vie de *Cagliostro* que nous venons de citer, nous savons ce qu'on peut nous objecter. On nous dira premièrement, que le traducteur français ne croit nullement à la sorcellerie de *Cagliostro*, ni à la magie en général; conséquemment qu'il nous est très-contraire, ainsi qu'à l'auteur italien qui semble y croire; secondement, que *Cagliostro*, dans les interrogatoires qu'il a subis à *Rome*, a toujours nié qu'il ait eu aucune communication avec le *Démon*; troisièmement, que Monsieur le traducteur qui, dans sa première édition, paraissait convaincu de la vérité du *fait* des guérisons subites, opérées

rées à Strasbourg par ce scélérat, s'est rétracté, dans la seconde, sur ce *fait.* Nous allons répondre à ces objections futiles.

Que l'auteur de la traduction française ne croie pas à la *magie*, il ne s'en suit rien contre nous, ni contre l'opinion de ceux qui y croient. On sait que depuis quelques années, il est de mode et du bon ton en France, de ne pas croire aux *sorciers.* Il ne s'agit pas ici d'autorités, il s'agit de *faits.* Nous avons prouvé ailleurs que, si pour établir notre sentiment et justifier notre croyance, il ne fallait que des autorités, nous aurions l'avantage encore sur nos adversaires ; mais, nous le répétons, il s'agit de *faits* et nous en avons sans nombre. Il n'est ni opinion, ni autorité au monde qui puisse les annuller. Monsieur le traducteur est un homme subjugué par le préjugé moderne, par la philosophie du jour ; c'est un homme qui s'aveugle.

En second lieu, quelles conséquences tirerait-on contre nous des dénégations de *Cagliostro ?* Quelle apparence que ce *démonolâtre* eût avoué un crime qu'il savait toujours puni de la peine capitale dans le pays où il était ? Et quel est le criminel qui volontairement s'accuse à ses juges ?

Quant à ce que le traducteur se rétracte, ou pour mieux dire, paraît se rétracter dans la seconde édition, sur le *fait* des guérisons subites opérées à Strasbourg par *Cagliostro*, sans baquet ni appareil magnétique ; cette rétractation, loin d'infirmer le *fait* qu'on voudrait détruire, ne sert qu'à le confirmer, et par conséquent appuie singulièrement notre cause.

Sur ce texte que nous avons cité : « les » guérisons qu'il opéra (à Strasbourg), furent » en si grand nombre, et si merveilleuses, » qu'en peu de temps sa maison se trouva » pleine de béquilles qu'y avaient laissées » les estropiés qu'il avait guéris ; » il met en note (page 133, 1re. édition.), ces paroles expresses : « *le récit de Cagliostro* » *paraît vrai*, » et il les met parce qu'il est dit à ce même endroit, que ce fut *Cagliostro* lui-même qui récita ce fait à ses juges.

Or, là-dessus nous demandons pourquoi M. le traducteur qui a eu grand soin d'annoncer en tête de son ouvrage, que les notes sont de lui, et qu'elles sont curieuses, pourquoi dit-il expressément dans cette note, *le récit de Cagliostro paraît vrai* ! C'est sans doute qu'il a été aux informations ;

c'est qu'il a pris des renseignemens, ce qui était fort aisé au temps où il a travaillé à sa traduction; c'est qu'il a eu le bon esprit de s'assurer du fait; mais pourquoi ensuite, dans une seconde édition qui n'était nullement pressante, puisque la première ne pouvait être épuisée, étant l'une et l'autre, ce qu'il faut bien remarquer, de la même année 1791, pourquoi s'est-il hâté de changer sa note, et à ces mots décisifs : le récit de *Cagliostro* paraît vrai, a-t-il substitué ces autres mots (même page 133.) : « ce que » *Cagliostro* vient de raconter sur les illu- » minés, paraît vrai ! » Le lecteur sera surpris de cette variante : serait-ce qu'il a appelé de lui mal informé, à lui mieux informé ? Non, puisque les habitans de *Strasbourg* qui ont vu *le fait*, déposent encore aujourd'hui de sa réalité; que d'ailleurs dans le temps et sur les lieux, ce *fait* fut constaté, et qu'il a été par-tout publié. Cette variante a donc eu un autre motif ? Eh, oui, c'est que ce *fait* est embarrassant; c'est qu'il est décisif; c'est que Monsieur le traducteur s'est trouvé en grande perplexité sur son premier aveu; c'est que ses amis lui ont observé que cet aveu n'était pas prudent, et qu'il eût été beaucoup plus sage de nier *le fait*, que d'en convenir. Voilà le motif de sa variante.

Cependant, nous lui devons la justice de dire qu'il ne nie pas formellement ce *fait*, même dans sa seconde édition. Seulement il déplace, et porte sur un autre objet, sur les *illuminés*, la note dans laquelle il penchait à le croire vrai; et ce qui équivaut à une dénégation, il laisse dans cette note les expressions suivantes: « nous renvoyons » le lecteur à l'*avertissement* placé en tête » de cet ouvrage; » c'est que dans cet *avertissement*, M. le traducteur ne manque pas de persiffler, d'accuser de superstition, et d'être peu philosophes, l'auteur italien de la *vie de Cagliostro*, ainsi que tous ceux qui, comme cet auteur, ont admis *le fait*, croyent qu'il y a réellement des hommes en commerce avec les Démons, et mettent dans ce rang *Cagliostro*; mais *les faits* magiques de celui-ci, spécialement les guérisons de *Strasbourg*, ont été avérés. Il fallait ou les nier, ou les expliquer, et il y a long-temps que l'on sait que *siffler n'est pas répondre*. La prétendue rétractation du traducteur, loin de nous nuire, prouve donc *le fait*, et appuie notre cause.

On nous a fait une autre objection, ou

pour parler plus juste, on a cru nous faire une replique satisfaisante sur un autre *fait.* C'est celui de la prédiction de *Cagliostro*, en 1786, que la *bastille* serait détruite, deviendrait un lieu de promenade, et qu'une grande *révolution* menaçait la France. On nous a dit : « il n'y a rien là de surprenant ; » *Cagliostro* avait le mot des personnages » qui préparaient la *révolution*, qui déjà » en avaient dressé le plan, arrangé les » détails et toutes les circonstances, et la » *prise de la bastille* était une des prin- » cipales. »

Si quelqu'un goûte cette replique, sur-tout pour ce qui concerne la prisede la *bastille*, et ses accessoires, nous nous en contenterons aussi. Du moins on avouera que des hommes assez forts, assez surs de leur coup, pour publier, plusieurs années avant l'évènement, les projets qu'ils ont médités, pour affirmer qu'ils auront leur effet, malgré les contrariétés, les invraisemblances, malgré les obstacles de tout genre qui pourront leur être opposés ; du moins on avouera que des hommes de cette espèce ne sont pas des hommes ordinaires, qu'ils ont des moyens inconnus à ceux qui partagent avec eux la nature humaine, et qu'avec grande raison, ces moyens peuvent être appellés surnaturels et *surhumains*.

Et puisque les prédictions du Sr. *Cagliostro* nous amènent à dire un mot sur ce talent de prophétiser, qui depuis quelques années s'est montré en France, nous disons hardiment et sans hésiter, qu'une certaine prophétie mise en vers, en neuf couplets, imprimée à *Paris*, en 1778, dans une feuille périodique, et les années suivantes dans différentes autres feuilles, prophétie qui fut nommée *Prophétie Turgotine*; nous disons, sans craindre de nous tromper, que cette prophétie malheureusement trop véridique, vient de l'esprit infernal, qu'elle est sortie de l'enfer, ou ce qui est la même chose, d'hommes qui avaient communication avec l'enfer, et nous donnons ce *fait*, c'est-à-dire cette prédiction, que surement on ne contestera pas, pour un *fait* diabolique, ou des *démonolâtres* existans alors dans le royaume.

A cette époque de mil sept cent soixante-dix-huit, qu'on veuille bien y remonter, la France en guerre contre l'Anglais, mais victorieuse, était tranquille au dedans. Un roi bienfaisant, possédant le cœur de ses sujets, qui déjà l'assimilaient aux plus chéris de ses prédécesseurs, *Louis XII*, *Henry IV*, gouvernait avec sagesse. Il avait assuré la stabilité de ces corps antiques de magistrats, que sous le règne précédent on avait violemment attaquée. Il avait fondé des établissemens utiles, multiplié les actes de bienfaisance, donné à ses provinces de grands privilèges, confirmé ceux des anciennes, aboli les servitudes, encouragé les arts. Les rangs étaient subordonnés. Des gradations marquées différenciaient les conditions. Le clergé, la noblesse jouissaient de leurs droits. Les propriétés, ou acquises par l'industrie, ou transmises aux possesseurs par une longue suite de générations, étaient respectées. Les lois civiles, les lois religieuses étaient observées. Le Français aurait frémi à la seule pensée qu'il verrait dans le sein de sa patrie, et par les mains de ses compatriotes, briser les autels, détruire sa religion, annuller des sacremens dont l'un depuis *Clovis*, depuis quatorze siècles, lui imprime le divin caractère de chrétien, le discerne du *Turc*, du *Juif*, et l'autre appelle sur son union avec une épouse, les bénédictions du ciel.

C'est dans cette situation politique, situation où rien ne présageait une révolution épouvantable et peu éloignée; c'est dans cette position de la monarchie que, douze ans d'avance, on prédit à coup sûr, qu'on prédit avec précision, avec netteté, en termes formels, que tous les états en France seront confondus, que les pauvres sur leurs grabats ne se morfondront plus, que des biens, c'est-à-dire des propriétés les plus légitimes, on fera des lots qui rendront les gens égaux; que noblesse et roture marcheront de même pas; qu'on reviendra aux droits de nature; qu'il n'y aura plus ni parlemens, ni ni lois, ni ducs, ni princes, ni rois; que le christiannisme sera anéanti, que les Français se feront des Dieux à leur fantaisie, qu'un oignon *à Jésus* damera le pion; que les sacremens, que les liens les plus étroits de parenté seront des chimères; qu'il n'y aura plus de sureté, plus d'amitié de sœurs à frères, qu'on aura liberté pleinière; que l'état monastique, la psalmodie cesseront; que des religieux, des religieuses donneront le scandale de danser sur les places publiques, de fouler aux pieds leur habit, la charte de leurs vœux, et que les nations voisines se modèleront sur ces incroyables nouveautés.

Ce n'est pas tout. A cette époque de 1778, la vigilante sollicitude de *Louis XVI*, rappelait au milieu de son peuple la prospérité;

il voyait germer à ses côtés les soutiens desirés de sa couronne. Qui que ce soit, quelque intelligence qu'on lui suppose, doué, tant qu'on voudra, de l'esprit le plus clairvoyant, de la pénétration la plus subtile et la plus vive, ne pouvait naturellement prévoir alors qu'un prince qui gouvernait avec tant de bonté, serait amené par ses propres sujets, par ceux dont il ne respirait que le bonheur, à qui il s'était montré plus en père, en ami, qu'en souverain, qu'il serait amené à renoncer à ses droits, à leur céder son sceptre, à partager avec eux son autorité; en un mot, que fatigué des secousses réitérées données à son trône, il voudrait en descendre, abdiquer sa couronne, et *n'être plus rien!*

Mais les démoniaques prophêtes sont autour de lui; ils habitent ses palais, ils vivent de ses bienfaits. Bien assurés de leurs coups, bien surs de l'infernale puissance qu'ils ont sur l'esprit humain, et de la damnable science qu'ils possèdent de l'ensorceler, quand Dieu le permet; ces monstres annoncent hautement, ils annoncent à l'univers, ils annoncent en toutes lettres, que *Louis XVI*, que *notre maître*, c'est ainsi qu'ils le nomment, regardera comme un abus, ses droits, ses titres, *sa personne*, son autorité, et que, *par amour du bien*, *il voudra ne plus être roi, ne plus être rien.*

Nous le répétons, nous soutenons hardiment que cette divination stupéfiante, faite contre toute vraisemblance, contre toute probabilité, et antérieure à l'évènement de plus de douze ans, est sortie de l'*enfer*, qu'elle n'a pu sortir que de l'*enfer*. Elle est d'une engeance d'hommes et de femmes exécrables, en commerce avec les Démons, avec des esprits habitans un autre monde, ou des ames séparées des corps. C'est là cet art détestable de la *nécromancie*, art connu dès les premiers siècles, et qui a été exercé, mais proscrit chez toutes les nations. C'est par cet art seul qu'il a été possible de prévoir, tranchons le mot, *la faiblesse* incompréhensible de *Louis XVI*, provenant de son ensorcellement si bien prévu, si bien prédit (1), et sa conduite

---

(1) Il a été dit de plusieurs de nos rois et grands du royaume, qu'en différentes circonstances, ils avaient été ensorcelés. C'est ce qu'on verra dans nos anciens historiens. On a dit que *Valentine*, fille d'un duc de Milan, avait ensorcelé Charles VI; que Henri II, mort à quarante ans, l'avait été par *Diane* de Poitiers, qui avait vingt ans plus que

homicide de lui-même. C'est là cet abominable crime qui provoque les fléaux, les vengeances de Dieu, et les menaces qu'il fait dans sa loi sainte, d'exterminer les peuples qui s'en rendront coupables : *nec sit in te qui pythones consulat : omnia enim haec abominatur Dominus, et propter istius modi scelera, delebit eos.* Deut. chap. 18, vers. 9 et suivans.

Un homme d'esprit, et qui a fait ses preuves, nous a dit qu'il regardait cette *Prophétie Turgotine* « comme la production de gens qui avaient un violent desir » que les choses avinssent ainsi. »

---

lui, et qui mourut à soixante. L'historien philosophe *de Thou*, a cru fermement à cette diabolique magie de *Diane*. L'adroite réponse que fit à ses juges *Léonore Galigaï*, femme du Maréchal d'Ancre, ne la justifie pas, et ne l'a pas purgée de cet attentat contre la reine épouse de Louis XIII. On a dit aussi que le cardinal *Dubois* avait ensorcelé le Régent. S'éloignera-t-on beaucoup du vrai, en croyant que Louis XVI a eu le même sort et le même malheur, sur-tout lorsqu'on pense à la défense expresse qu'il fit à ses gardes de pourvoir à sa sureté ; lorsqu'on pense à cet incroyable abandon de sa personne, de sa vie, de celle de son épouse, de ses enfans, et conséquemment de tous ses sujets, abandon inexplicable autrement dans un prince qui d'ailleurs avait donné plus d'une preuve d'énergie!

Nous répéterons ici ce que nous avons dit plus haut (p. 117.) touchant la prédiction de *Cagliostro*, consignée dans sa *Lettre de Londres aux Parisiens*, en 1786. Si, ce dont nous doutons, il se rencontre quelques lecteurs qui goûtent ce mot de l'énigme, nous l'approuverons aussi. Nous avons assez d'autres *faits* démonstratifs de l'existence de *la magie* en France. Du moins on avouera que des hommes assez forts pour prédire, douze ans d'avance, ce n'est pas assez, pour opérer à leur gré l'accomplissement de leurs volontés les plus perverses, les plus contraires à l'ordre public, au bien général, à la justice, à la raison; les plus subversives, en un mot, de toute institution, de toute société; les plus extravagantes; que des hommes de cette espèce ne sont pas des hommes ordinaires; qu'ils ont des moyens inconnus à ceux qui partagent avec eux la condition humaine; qu'à bon droit, ces moyens peuvent être appelés surnaturels et *surhumains*, et que, sans crainte d'erreur, on peut avancer que cette singulière efficacité de leurs atroces desirs, est l'ouvrage des Démons, qu'ils servent si bien, et dont ils sont si bien servis (1).

(1) Cette étrange *Prophétie* pouvant n'être pas connue

Revenons à *Cagliostro* dont cette courte digression, qui pourtant n'en est pas une,

---

de nombre de lecteurs, nous croyons nécessaire de la mettre sous leurs yeux; mais en la lisant, qu'ils fassent avec nous cette observation. Les *Nécromanciens*, ou bien les hommes en commerce avec l'enfer, auteurs de cette prophétie, mettent sur le compte de M. *Turgot* et compagnie, sur le compte des encyclopédistes, des économistes, d'avoir formé le plan de l'incroyable révolution annoncée dans leurs couplets, et, qui pis est, de l'avoir exécutée : ici il ne faut pas prendre le change. De la part des *Nécromans*, c'est un subterfuge visible. Le plan de la révolution a été formé dans les antres infernaux dont elle est sortie. Il a été rempli, exécuté par ceux-là seuls à qui les Démons l'ont dicté, à qui ils en ont révélé, dans le plus étonnant détail, les affreuses circonstances. *Turgot* et compagnons ne l'ont peut-être pas même connu. Du moins il est certain qu'ils n'ont pu prévoir et prédire la révolution, à moins qu'eux-mêmes, ainsi que les *Nécromans*, ils n'aient été en société réelle avec l'enfer. *Nécromancien* signifie *qui devine par les morts*. Voici la pièce :

Vivent tous nos beaux esprits
Encyclopédistes,
Du bonheur Français épris;
Grands économistes;
Par leurs soins, au tems d'Adam
Nous reviendrons, c'est leur plan.
Momus les assiste,
ô gué!
Momus les assiste!

Ce n'est pas de nos bouquins
Que vient leur science.
En eux, ces fiers paladins
Ont la sapience.
Les Colbert et les Sully,
Nous paraissent grands,... mais fi,
C'n'était qu'ignorance,
ô gué!
C'n'était qu'ignorance!

puisqu'elle soutient puissamment notre cause, nous a un peu écartés.

Envain le traducteur de sa *vie* voudrait-il détourner de ce *roué* l'inculpation d'avoir été l'un des plus insignes magiciens du 18e. siècle. Il n'a pas osé retrancher de l'original italien plusieurs passages qui, indépendamment des *faits* décisifs que nous

---

On verra tous les états
Entr'eux se confondre;
Les pauvres sur leurs grabats
Ne plus se morfondre;
Des biens l'on fera des lots
Qui rendront les gens égaux;
Le bel œuf à pondre,
ô gué!
Le bel œuf à pondre!

De même pas marcheront
Noblesse et roture;
Les Français retourneront
Au droit de nature;
Adieu Parlemens et Loix,
Et Ducs et Princes et Rois,
La bonne aventure,
ô gué!
La bonne aventure!

Et toutefois vertueux
Par philosophie,
Les Françaís auront des Dieux
A leur fantaisie.
Nous reverrons un oignon
A Jésus damer le pion;
Ah! quelle harmonie,
ô gué!
Ah! quelle hormonie!

Alors, amour, sureté
Entre sœurs et frères.
Sacremens et parenté
Seront des chimères;
Chaque père imitera
Noé quand il s'enivra:
Liberté pleinière,
ô gué!
Liberté pleinière!

Plus de moines langoureux,
De plaintives nones.
Au lieu d'adresser aux cieux
Matines et nones,
Nous verrons ces malheureux
Danser, abjurant leurs vœux,
Galante chacone,
ô gué!
Galante chaconne!

Prisant des novations
La fine séquelle,
La France des nations
Sera le modèle;
Et cet honneur nous devrons
A Turgot et compagnons:
Besogne immortelle,
ô gué!
Besogne immortelle!

A qui devrons-nous le plus,
C'est à notre maître,
Qui, se croyant un abus,
Ne voudra plus l'être!
Ah! qu'il faut aimer le bien,
Pour de Roi, n'être plus rien!
J'enverrais tout paître,
ô gué!
J'enverrais tout paître!

avons rapportés, fournissent contre lui les plus fortes présomptions.

A la page 4 de la traduction, il est dit : « une suite de notices. . . . . . peut faire » d'ailleurs soupçonner qu'il s'exerçait à la » sorcellerie. »

A la page 104, d'après l'auteur de l'*Essai sur les Illuminés* qui parut en 1789, on dit qu'il était en liaison avec des charlatans, « tels qu'un joueur de gobelets qui se disait » assisté d'un esprit, et ajoutait que cet esprit » était l'ame d'un juif cabaliste qui, par son » art magique, avait tué son père, avant la » venue de Jésus-Christ. »

Il est vrai que dans sa note (1re. édition.), le traducteur dit : » ce récit de l'auteur » de l'Essai sur les Illuminés, a bien l'air » d'un conte. » Mais on a vu ci-dessus quel cas on doit faire des notes de M. le traducteur. Quiconque est un peu versé dans l'histoire, a appris par des *faits* irrécusables, qu'il existe réellement dans certains hommes des Démons familiers. Dans un charlatan et dans *Cagliostro*, rien de plus vraisemblable que cette existence.

A la page 134, on lit : « les travaux » qu'il faisait faire à ses pupilles ou colombes, » ne se bornaient pas seulement à la descente

» et à l'apparition des anges ; mais ils s'éten-
» daient encore à la découverte des choses
» occultes, d'évènemens à venir, ou de
» matières curieuses, et quelquefois très-
» contraires à la pudeur. »

Il y a ici plus que de la vraisemblance. Rien de plus vrai, rien de plus certain que par-tout où le *Démon* travaille, il laisse des traces profondes de sa lubricité ; c'est là son trait caractéristique, et la preuve la plus infaillible de sa présence. Celle-là seule pourrait suffire.

La page 178 porte : « elle (la femme
» de Cagliostro.) a fait connaître que l'ayant
» prié plusieurs fois de lui communiquer
» le principe de ses opérations, il avait
» toujours refusé de la contenter, disant
» qu'elle n'avait pas assez de force et de
» courage pour supporter ce *mystère*.

Autre grande vraisemblance. *Cagliostro* se décèle encore ici. Ce mystère émané non du ciel ni des intelligences célestes, mais sorti de *l'enfer* et des puissances infernales, aurait porté le trouble, l'horreur et peut-être la mort dans une jeune personne qu'il avait séduite pour en faire son épouse, ou plutôt sa victime.

La page précédente 177, dit : « il est cer-
» tain

» tain que ces pupilles, dans les opérations
» maçoniques, ont répondu aux questions
» qu'on leur faisait, et ont dit avoir vu
» ce sur quoi ils étaient interrogés, et par-
» ticulièrement des anges. Comment cela
» est-il arrivé? C'est ce que nous avons à
» chercher. »

L'auteur italien qui n'est pas étranger aux bons principes, et que son éducation natale a éclairé des vraies lumières, n'a surement pas cherché long-temps le mode dont est arrivé ce *fait* qu'il donne pour certain, et que le traducteur n'a pas dissimulé. Quant à celui-ci, s'il cherche, il cherchera long-temps encore.

» *Cagliostro*, suivant sa coutume, est-il
» dit de suite, a intrépidement assuré que
» tout cela était l'effet d'une protection
» spéciale de Dieu envers lui; que l'être
» suprême avait daigné lui accorder ainsi
» la vision béatifique, pour qu'il pût mieux
» réussir dans son projet. . . . . . . de
» convertir les incrédules, et de propager
» le catholicisme; qu'aussi il avait toujours
» coutume, dans ces occasions, de rani-
» mer sa foi en Dieu, de le prier et de
» l'invoquer de cœur. »

Voilà sans doute un saint à extases, à

ravissemens, un saint digne de converser avec les anges, avec les saints de l'autre monde ; sur-tout un excellent missionnaire, et un homme de mœurs très-pures.

Pour nous, nous disons que *Cagliostro*, que *Mesmer*, ne séparons pas deux êtres si ressemblans par les étranges effets qu'ils ont produits, savoir : d'ensorceler *Paris*, *Versailles*, et de verser dans les têtes le délire ; nous disons que ces deux envoyés de *Satan*, d'après la définition de la *magie*, donnée par l'*évêque de Luçon*, avant qu'il fut *cardinal de Richelieu*, dans son *Instruction du Chrétien*, méritent éminemment la sublime qualification, le glorieux titre dont nous les avons déjà tant de fois décorés, de *démonolâtres* ou *magiciens*.

Ce ministre célèbre et de l'*Eglise* et de l'*Etat*, dit dans ce livre qu'il avait adressé d'abord à son diocèse en 1618, et qu'il fit réimprimer à *Paris* sous ses yeux, en 1626 : « La *magie* est un art de produire des » effets par la puissance du Diable ; *sorcellerie* ou maléfice est un art de nuire » aux hommes par la puissance du Diable. » Il y a cette différence entre la magie et » la sorcellerio, que la magie a pour fin

» principale, l'*ostentation*, se faire admirer; » et la sorcellerie, la *nuisance*.

Telle est la doctrine de l'*évêque-cardinal*, et telle était de son temps, celle du clergé (1).

---

(1) Quoiqu'en disent ou pensent quelques individus du clergé moderne qui ne rougissent pas de sacrifier au philosophisme, et de recevoir la leçon de ceux à qui ils la doivent, cette doctrine est et sera toujours celle des vrais pasteurs. Déjà nous l'avons prouvé; nous en produisons une preuve encore plus expresse.

Dans un livre composé pour instruire les aspirans aux fonctions les plus saintes, et publié de l'autorité et avec l'approbation des *maîtres*, c'est-à-dire, de six évêques de France qui se nomment et se soussignent, livre intitulé : *Conduite des Confesseurs au tribunal de la pénitence*, etc. . . . . et dont la dernière édition est de 1760, *Paris*, s'il n'en est pas une plus récente, voici ce qu'on lit, troisième édition :

On pèche contre la religion (p. 80.), « en exerçant les arts qui n'ont d'effet que par l'opération » du Démon, et qui viennent de pactes faits avec » lui, tels que sont les différentes sortes de divinations » qui ont pour fin la divination des choses cachées; » *la magie* qui tend à faire des choses qui sont au- » dessus de la puissance naturelle; le maléfice qui tend » à faire du mal aux hommes, aux bêtes, et aux biens » de la terre; la vaine observance qui tend à acquérir » des sciences sans étudier, à faire des guérisons ou » à connaître des choses à venir. — Ayant recours à

C'est cette ostentation, c'est ce but principal de *se faire admirer* et de tromper, que se proposaient les deux suppôts du Diable, *Cagliostro* et *Mesmer*, et ce but, ils ont su supérieurement y parvenir.

» ceux qui savent exercer les arts diaboliques de la » divination et les autres semblables. »

Dans ce texte, comme on voit, se trouvent clairement exprimées les œuvres des *somnambules*, des *Mesmer*, des *Cagliostro*, dont nous venons de faire le récit : acquérir des sciences sans étude, telles que la *botanique* et la *médecine*, etc. . . . . faire des guérisons prodigieuses, connaître des choses cachées dans le passé, le présent, l'avenir, et opérer mille choses supérieures à la puissance humaine. Ce qui, au jugement de tous les tribunaux ecclésiastiques et civils de l'univers, ne résulte que du pouvoir des Démons et de pactes faits avec eux.

Et les évêques qui ont donné leur sanction à ce livre intitulé : *Conduite des Confesseurs*, etc. . . . livre que jamais on ne convaincra d'erreur, sont celui de *Bayeux*, ensuite ceux de *Sens*, d'*Amiens*, de *Rennes*, de *Coutances*, et de *Senlis*, lesquels se sont nommés, et que leurs collégues, dans l'épiscopat, n'ont improuvé, ni n'improuveront pas.

En avançant notre tâche, nous arrivons à ces autres *démonolâtres* que nous nous sommes proposés de démasquer, et qu'on appelait à Paris, *les faiseurs de petits prodiges.* C'est sur leur compte que l'on va voir que la France a été, et est encore singulièrement trompée.

Il y a près de trente ans que M. *de la Chapelle* a écrit qu'à la vue de ces prodiges dont nous parlons, des hommes très-éclairés dans Paris disaient, et c'est ce qu'il faut soigneusement remarquer, que ceux qui les faisaient, *avaient découvert un nouvel agent dans la nature.* Ce témoignage très-véridique se trouve à la page 12 du *Ventriloque* qui, comme on sait, parut en 1772.

A la page 510, M. *de la Chapelle* répète le même témoignage : mais ceux qu'à la page 12 il qualifie *d'hommes très-éclairés*, il les honore ici des épithètes de paresseux, présomptueux et téméraires; pourquoi? Parce qu'ils n'ont pas voulu s'aveugler totalement sur ces prodiges, et donner à la physique ce qu'ils voyaient n'être nullement physique, et qu'ils avaient bien vu, quoique le sieur *de la Chapelle* ose les inculper de paresse.

« Le savant, ou le philosophe présomp-
» tueux, dit-il (page 510.), veut que cela
» soit dû à des principes de la nature,
» inconnus jusqu'alors, comme cela est
» arrivé depuis six à sept ans, à des hommes
» *célèbres dans les sciences*, à l'occasion
» d'escamoteurs, sur l'art desquels ils ont
» eu la témérité de prononcer avec admi-
» ration, que cette classe de gens si mé-
» prisable d'ailleurs et si dangereuse, avait
» vu dans la nature ce qui avait échappé
» à ceux des siècles passés. . . . .
» La vanité vient appuyer la paresse. . . »
(page 511.) Voilà des hommes *célèbres dans les sciences*, des hommes respectables par leur franchise, bien traités par M. *de la Chapelle*.

Quoi qu'il en soit, rien de plus vrai que dès 1772, et six à sept ans auparavant, la stupéfaction sur les nouveaux prodiges était à son comble : le soupçon de diabolisme était près de se glisser dans certaines têtes ; le mot de l'énigme allait échapper ; mais M. *de la Chapelle* arrive à temps. Dans son livre, et par le moyen de son livre et du personnage qu'il met sur la scène au milieu de la capitale, il étale bien un autre prodige ; il soutient que ce n'en est pas un, que dans tous ces faits prétendus prodigieux dont Paris est inondé, il n'y a rien que de naturel; il nie la réalité de la magie, il charge de ridicule ceux qui y croient, et son livre ferme la bouche à la vérité, comme il ferme les yeux au rayon de lumières qui allait percer.

Le mal augmenta douze ans après. Les prodiges devinrent et plus éclatans et plus nombreux. La troupe des *Thaumaturges* allait croissant. Le prince suspecta le plus fameux d'entr'eux. Il s'occupa de le soumettre à l'examen. Alors paraît un nouveau *de la Chapelle*. Le sieur *Decremps*, licencié en droit, fait éclore, en 1784, de la meilleure foi du monde, bien entendu, et d'un ton d'importance et de dignité qui ne peut que faire rire (1) : *La Magie blanche dévoilée, ou Explication des tours surprenans qui font depuis peu l'admiration de la capitale et de la province, etc... etc...* Notons d'abord que ce livre, dont c'est ici le lieu de nous entretenir, et qui est le pendant achevé de celui de *la Chapelle*, n'explique rien. On y a cru sur parole, tant a été grande la clairvoyance du dix-

(1) Lisez les avis, avertissemens, préfaces, et surtout les trois derniers feuillets de la seconde partie.

huitième siècle. A ce moment le but est atteint : un ensorcellement général s'empare des esprits ; les voilà fascinés, plongés dans les plus épaisses, les plus pernicieuses ténèbres ; et sur la réalité de la magie, la France est trompée à ne jamais sortir de son erreur.

Nous ne passerons pas les bornes que nous nous sommes prescrites. Nous n'entreprendrons pas d'entrer dans le détail de tous les *tours* cités dans ce livre, qui ont étonné des hommes célèbres dans les sciences, ainsi que le dit M. *de la Chapelle* (p. 12 et 510.), comme ils en ont étonné d'autres moins savans peut-être, mais également pleins de sens et de raison.

Nous savons, nous l'avons vu, et nous en faisons une déclaration authentique, que dans le nombre des tours opérés en ce temps, il y en avait qui étaient purement physiques, et dont le secret n'était qu'escamotage et pure adresse, ou un résultat de procédés arithmétiques. Les magiciens modernes, pour éloigner toute idée de diablerie, ont toujours grand soin de mêler à leurs opérations magiques quelques effets des sciences physiques, mécaniques, ou résultans des mathématiques, c'est-à-dire, de mêler la vérité et le mensonge; c'est la couverture, la multitude s'y prend; mais il est beaucoup de ces opérations que toutes les mathématiques, les sciences physiques et mécaniques n'expliqueront pas, et qui n'ont eu lieu que par l'intervention des Démons. *Les cadrans sympathiques, le tour du piquet*, qu'avec raison M. *Decremps* nomme *incompréhensible*, doivent être mis sur cette ligne, et pourraient suffire à établir notre assertion. Nous pourrions dire au lecteur, après lui avoir démontré que ces petits tours n'étaient pas naturels : *ab uno, disce omnes.*

D'abord, pour décider si le tour du piquet incompréhensible, était naturel ou non, il ne faut que s'assurer de la vérité d'une circonstance étrange qui certainement a eu lieu, lorsqu'il fut fait à Louis XV, et de suite devant sa cour et les grands de son royaume; c'est que *le faiseur n'a nullement touché les cartes*, qu'il resta de bout très-éloigné de la table de jeu, en présence des spectateurs; qu'un tiers désigné par la partie adverse, c'est-à-dire, par le roi, le représenta et donna les cartes pour lui, ce qui fut répété mille fois par ce faiseur, en la même manière, à Versailles, puis à Paris.

Il est évident que si cette circonstance

a eu lieu, savoir : de ne pas toucher les cartes, il était impossible naturellement de faire l'adversaire pic, repic et capot, en telle couleur qu'il choisissait. Or, cependant cela s'est fait. Tout Versailles l'a vu, tout Paris l'a su.

M. *Decremps*, dont l'ouvrage, comme nous l'avons dit de celui de M. *de la Chapelle*, n'a pas peu contribué à aveugler la nation, déguise cette circonstance. Il a bien senti qu'elle seule suffisait à établir le non naturel de l'opération. Il va plus loin : il la nie, ou pour mieux dire, on voit qu'il voudrait la nier dans l'explication prétendue qu'il a donnée de ce prodige; il met cette explication dans la bouche d'un explicateur autre que lui et étranger à la France, parce qu'il a craint sans doute de se compromettre et d'être argué de faux. Cette obscurité insidieuse dont s'enveloppe M. l'explicateur, se trouve aux pages 226 et 227 de *la Magie blanche dévoilée*, etc. . . . . . deuxième partie. A la page 226, l'explicateur qui en même temps était faiseur, dit : « qu'une » personne de la compagnie donne les cartes » pour moi, afin que je ne puisse faire » sauter la coupe ! » Voilà la circonstance bien exprimée. Puis à la page suivante, cet explicateur dit expressément : « je fis ce » tour avec toutes les circonstances, ou » pour mieux dire, avec toutes les appa- » rences, que je viens d'annoncer. » N'est-ce pas là rétracter ce qu'il venait de dire ? N'est-ce pas s'envelopper de nuages dans une explication qui, pour remplir les engagemens pris avec le public, devait être claire comme le jour ? Nest-ce pas donner à croire au lecteur que la circonstance péremptoirement décisive du non naturel du tour du piquet incompréhensible, n'a pas eu lieu ? N'est-ce pas tromper ou chercher à tromper.

Mais envain M. *Decremps*, envain tout autre oserait nier cette circonstance assurément incompréhensible, savoir : que le faiseur ne toucha pas les cartes, dans le tour du piqnet fait à Versailles, à Louis XV, en présence de sa cour, et que cependant il fit le roi pic, repic et capot, en la couleur choisie par ce prince ; il est certain, il est constant qu'il ne les toucha pas. Ce tour autrement aurait-il causé la plus légère surprise ? L'aurait-on nommé *tour incompréhensible ?*

Il est vrai qu'une faux vengeresse, une faux inexorable a abattu des milliers de têtes qui l'ont vue cette étrange circonstance.

Affreuse vérité ! Mais il est vrai aussi qu'il en reste autant encore, témoins oculaires de sa réalité.

Tout lecteur de bonne foi conviendra aisément, que naturellement il est impossible que des cartes, au commandement d'un homme, par sa volonté seule, et comme il lui plaît, s'arrangent dans la main d'un tiers; il niera conséquemment que le tour du piquet incompréhensible, se soit ainsi fait, et nous entendons la multitude prononcer qu'il s'est opéré par le moyen de certaines cartes qu'on nomme *forcées*, c'est-à-dire, qui sont plus longues ou plus larges, cartes qui se reconnaissent au tact, et l'on ajoute que les faiseurs se servent d'un moyen qu'on nomme *faire sauter la coupe*.

Il y a des siècles que ces faibles astuces ces petites ruses d'escamotage étaient déjà connues; elles étaient usées dès le temps dont nous parlons, le temps de Louis XV, et si le faiseur n'avait eu à sa disposition un expédient plus merveilleux, aurait-il jamais osé demander d'être présenté à ce monarque? Les courtisans, les serviteurs du roi auraient-ils eux-mêmes osé appuyer sa demande? Nous le répétons, le faiseur du tour du piquet incompréhensible, l'a fait en présence de Louis XV, sans nullement toucher les cartes; M. *Decremps* a parfaitement connu ce fait prodigieux, ou plutôt cette circonstance prodigieuse, de n'avoir pu faire sauter la coupe de l'adversaire, puisque les cartes ne furent ni forcées, ni touchées. Son lieutenant explicateur, avant de dire : « qu'une personne » de la compagnie donne les cartes pour » moi, afin que je ne puisse faire sauter » la coupe! » avait dit :

» Fournisssez vous-même un jeu de cartes, » où il n'y ait ni carte longue ni carte » large! « P. 226, 2e. partie, intitulée : *Supplément*, etc. . . . .

C'est qu'en effet les choses se passèrent ainsi à Versailles; on fournit un jeu neuf, non-altéré, non préparé, où il n'y avait point de cartes *forcées*, et qui fut bien examiné; le faiseur demanda qu'on donnât les cartes pour lui, on lui donna ce second qu'il ne connaissait pas, qu'il n'avait jamais vu; il ne toucha pas les cartes. Cependant, après ces aveux formels de M. l'explicateur, il emploie cinq mortelles pages, savoir : les 229, 230 et suivantes, pour apprendre à ses lecteurs un long arrangement de cartes dont il donne le détail; il dit qu'il faut qu'il y ait des cartes *forcées ;* il dit qu'on mêle le jeu en apparence, mais sans le déranger en aucune manière ; qu'on fait de petits ponts, qu'on fait sur une carte une égratignure pour la reconnaître, qu'on fait sauter la coupe ; il dit mille autres niaiseries, de sorte que son *tour*, loin d'exciter l'admiration ni des savans, ni des ignorans, n'aurait jamais produit le moindre bruit, ni la moindre sensation, qu'il n'aurait jamais osé paraître à la cour, et sur-tout n'eût pas reçu la dénomination de *tour du piquet incompréhensible*.

Mais il l'est véritablement. L'exécution, telle qu'elle a été faite, en est physiquement impossible, et il est nécessaire que les explicateurs des mystères dont nous traitons, se couvrent et recouvrent de faussetés, d'ombres et de ténèbres. Elles sont favorables au rôle qu'ils se sont chargés de jouer devant la nation, c'est-à-dire, au rôle de la tromper.

On a dit et soutenu, comme chose certaine, que le faiseur du tour de piquet à Louis XV, lui avait remis, la veille de la partie, un billet cacheté, que de convention le roi ouvrit, la partie faite, et que ce billet contenait : « le roi me demandera d'être repic en celle couleur » ce qui précisément arriva. Nous n'avons pas été témoins de cette circonstance, d'ailleurs garantie, et qui surement n'affaiblit pas le prodige.

La fraude, pour user d'un terme modéré, est plus marquée encore dans l'explication des *cadrans sympathiques*. Ici l'explicateur de M. *Decremps* sachant parfaitement que l'explication physique de ce fait incontestable, passait ses forces, porte l'audace au dernier point. Sans détour, sans tergiverser, il nie le fait. Procédé facile, marche commode; c'est celle que suivent et qu'ont toujours suivie, comme on l'a déjà vu, Messieurs les explicateurs de nos prodiges, quand ils sont embarrassés. Celui-ci pourtant, pour ne pas manquer à son personnage, ou ne pouvant se dissimuler que sa dénégation ne serait pas reçue, hasarde une explication; mais elle est fausse dans l'exposé du *fait*, insuffisante, inexécutable, pitoyable et absurde.

Les cadrans sympatiques sont deux cadrans réels, à l'aide desquels deux personnes peuvent se communiquer leurs pensées à la plus grande distance. Ils sont mobiles à volonté et se transportent par-tout. Vous en placez un snr une table ou sur tout autre autre meuble; vous portez l'autre dans un lieu ou voisin ou éloigné. Les vingt-quatre lettres de l'alphabet sont rangées en cercle autour des aiguilles, et lorsque vous fixez une aiguille sur une lettre, l'aiguille de l'autre cadran tourne et se fixe aussi sur la même lettre. Vous continuez cette opération : celui qui correspond avec vous, en unissant les lettres, obtient des mots ; les mots réunis lui donnent des phrases ; par ce moyen vous lui parlez, il sait votre pensée à quelque distance que vous soyez de lui.

C'est encore à Versailles, et toujours à Versailles en premier lieu, que ces tours se faisaient, et que celui-ci s'est fait. L'un des premiers princes après les rois Louis XV et Louis XVI, l'a vu ; il l'a fait, il s'est plû à le réitérer. Il a pris les deux cadrans : il en a placé un dans une pièce inférieure du grand corps de logis qu'il occupait au château ; accompagné de sa suite, il a porté l'autre dans un étage supérieur et très-éloigné, *et le tour s'est fait* : il a fait lire à son correspondant, en tournant lui-même l'aiguille, tout ce qu'il a voulu, et encore une fois les deux cadrans très-légers, très-portatifs, se mouvaient à volonté sous la main de l'un et l'autre acteur de cette étonnante scène.

Nous

Nous l'avons dit : l'explicateur, représentant du sieur *Decremps*, nie d'abord qu'il y ait eu des cadrans sympathiques, c'est-à-dire, que le fait se soit opéré comme nous venons de l'exposer ; c'est à la page 151 de *La Magie blanche dévoilée, etc.* 2e. partie, intitulée : *Supplément, etc.* « Le » tour des cadrans sympathiques se fait, » dit-il, non par sympathie, mais par » supercherie ; » puis il continue :

» Vous prenez un cadran sur vos genoux, » et l'on en pose un autre sur une table. » Quand vous avez porté l'aiguille de votre » cadran sur une certaine lettre, le faiseur » de tour qui s'en apperçoit, fait arrêter » le second cadran sur la même lettre, à » l'aide d'un aimant caché, qu'il fait mouvoir » dans la table, soit par le secours d'un » compère auquel il donne un signe de » convention, soit en poussant lui-même » une bascule avec son pied. L'aimant arrivé » sous le cadran, arrête par son attraction » le balancier de fer à l'instant requis. »

Nous n'avons pas le courage d'en copier d'avantage; la plume tombe des mains en transcrivant de si rebutantes sottises, et il eût mieux valu mille fois s'en tenir au défi effronté du fait, que d'oser en donner pareille explication.

D'abord, il est faux que le tour des deux cadrans ne se fasse pas et ne se soit pas fait autrement que par deux acteurs placés dans la même pièce, comme le dit l'explicateur. Ensuite, il est évident que si les deux acteurs sont dans la même chambre, armés de leurs cadrans, se voyant et s'épiant réciproquement, alors il n'y a plus de tour; troisièmement, si je ne suis que spectateur, et si un autre que moi tient sur ses genoux l'un des cadrans, et fait marcher l'aiguille, de même que les deux acteurs se voient l'un l'autre, au dire de l'explicateur, ne verrai-je pas tous leurs mouvemens et tous leurs gestes? Ne verrai-je pas que l'un porte les yeux sur le cadran de l'autre, comme le dit encore l'habile explicateur? Quelle impertinente farce invente-t-il ici! De plus, si ces deux acteurs sont de connivence, serai-je assez stupide pour ne pas m'en appercevoir, pour ne m'en douter pas? De plus encore, n'entendrai-je rien de la course de cet aimant qui va et vient, si adroitement caché sous la table? Ne m'appercevrai-je pas des mouvemens de ce *compère* tout aussi adroit, des coups de pied sur la bascule?

N'y aura-t-il pas d'embarras dans la marche de ce cadran arrêté plusieurs fois, *à l'instant requis*, sur différentes lettres, par l'attraction de l'aimant ? Combien de temps restera-t-il arrêté ? Combien de temps l'autre acteur attendra-t-il pour reprendre la conduite de son aiguille ? Moi, spectateur benin, je vois et j'attends, et surement je ne crierai pas *au miracle !*

Nous avons honte d'être forcés de réfuter et de combattre des inventions aussi absurdes ; mais nous éprouvons plus de honte encore pour les bons lecteurs Français qui s'y sont laissé tromper ; car, nous ne croyons point qu'il se soit jamais trouvé de spectateurs assez idiots pour avoir donné dans le piège. Les explicateurs, au reste, ne se déconcertent pas : ils continuent ; immédiatement après ces mots, *à l'instant requis* (p. 152), ils disent :

« Mais cette expérience ne pourrait jamais
» réussir, si vous exigiez qu'elle fût répétée,
» en posant les deux cadrans sur les genoux
» de différentes personnes sans connivence :
» on vous dirait alors que les cadrans ne
» sont pas montés pour produire ce jour-
» là l'effet que vous demandez ; on vous
» renverrait au lendemain, et le lendemain

» on trouverait un prétexte pour vous ren» voyer aux calendes grecques. »

Comme si nous qui voulons et qui pouvons faire l'expérience par nous-mêmes, souffririons qu'un ou deux autres la fissent à notre place et sous nos yeux, ainsi que le suppose l'explicateur; alors, au moins serions-nous en garde contre *la connivence!* mais, pour nous servir d'un terme de la nouvelle langue française, il fallait achever de *mystifier* le lecteur, de l'étourdir. C'est en quoi ont pleinement réussi Messieurs nos explicateurs. La suite de leur explication le prouve.

Etant chose certaine que le tour a été fait à Versailles, ainsi que nous l'avons décrit, et que les augustes personnes qui l'ont fait, et qu'il fallait tromper, furent très-convaincues de la réalité du fait, parce qu'elles étaient sans connivence, et n'étaient pas des imbécilles, les explicateurs osent ajouter pour ces personnes (p. 153.):

« Après quoi ils se vanteront d'avoir vu » de leurs propres yeux, des cadrans sym» patiques qui servent à communiquer la » pensée; ils ne permettront point qu'on » leur fasse là-dessus la moindre remon» trance. »

En effet, les auteurs du tour ne souffraient pas d'être contredits : « ils croiront trancher » toute difficulté, en disant qu'on ne peut » pas aller contre des faits. » C'est ce qu'ils disaient avec raison.

« Mais ne pourrait-on pas leur repliquer » qu'ils ont mal vu, et leur appliquer ces » paroles de Voltaire : *je ne crois pas aux » témoins oculaires, quand ils prétendent » avoir vu des choses absurdes.* »

Observons que cet apophtegme de Voltaire, si on le prenait pour règle de conduite, menerait directement à nier toute espèce de prodige, soit de Dieu, soit du Diable, vu que ce bel esprit était un de ceux qui regardaient tout prodige comme une absurdité, et qui ont dit et imprimé à Paris : « quand on viendrait » me dire qu'il y a à Passy un ressuscité, » je ne ferais pas un pas pour l'aller voir. »

Mais pour tout lecteur judicieux, cette sentence de Voltaire, ces textes des *Decremps*, que nous venons de rapporter, n'ont pas besoin de commentaire. On sait ce que tout cela vaut. Qu'ils nient, tant qu'ils voudront, le fait des cadrans sympathiques; ce fait est constant, ce fait a été avéré, c'est ce fait entr'autres et celui du tour du piquet incompréhensible qui, dès avant

1772, obligèrent les savans de Paris, de dire, dans la sincérité de leur cœur, aussi bien que dans l'aveuglement de leur esprit : « ces sortes de gens ont découvert un nouvel » agent dans la nature ; » et nous, nous répétons pour ce fait ce que nous avons dit pour celui du tour du piquet incompréhensible : « il est vrai qu'une faux vengeresse, » une faux inexorable a abattu des milliers » de têtes qui l'ont vu ; mais il est vrai aussi » qu'il en reste autant encore témoins ocu» laires de sa réalité. »

C'est ici le lieu de prouver à nos lecteurs que nous ne sommes pas embarrassés pour la leur démontrer cette réalité.

Voici à ce sujet, le témoignage d'un contemporain qui ne sera pas suspecté. Il paraît, à la manière dont s'exprime M. *de la Chapelle* dans son *Ventriloque*, qu'il a vu le fait des deux cadrans, ou qu'il le tenait pour vu, d'autant que ce fait, au moment qu'il écrivait, retentissait dans tout Paris. A la page 11, il dit : « ce qu'il y a de singulier, ils font ce qu'il disent; » et l'on va voir qu'il parle ainsi à l'occasion d'horloges ou cadrans merveilleux.

Voilà l'affirmation du fait. « Mais, ajoute» t-il, ils ne le font pas de la manière

» qu'on le croit. » Nous en convenons très-fort. Aussi avons-nous démontré que ces faiseurs n'ont pu le faire ni par aimant, ni par compère, ni par levier, ni par bascule, et c'est à la page suivante, et à l'occasion de ce tour que M. *de la Chapelle* rapporte ce que déjà tant de fois nous avons répété, touchant ces hommes éclairés de Paris qui dirent : « ces sortes de gens ont » découvert un nouvel agent dans la na-» ture ; » ce qui prouve au moins que ce tour ne s'est fait ni par compère, ni par commère, ni par aimant, ni par bascule, mais par quelqu'autre agent.

Ceux qui voudront bien lire les deux pages que nous venons d'indiquer dans le livre de M. *de la Chapelle*, nous observeront peut-être qu'il ne parle pas là précisément des cadrans sympathiques, tels que les *Decremps* les ont décrits. Cela est vrai : toujours nos explicateurs amassent des brouillards autant qu'ils peuvent, et s'y enfoncent ; mais il affirme un fait qu'on doit regarder comme le même, ou comme entièrement équivalent, et plus inexécutable encore naturellement.

« C'est, dit-il (p. 11.), une horloge de leur » façon, qu'ils ont stylée à répéter par sa son-

» nerie, tout ce que l'on aura fait en sa » présence : par exemple, une lettre que » l'on écrirait à plusieurs lieues de l'endroit » où ils sont. »

Cette horloge vaut bien les cadrans sympathiques, et nous savons que ces deux opérations se font par le même agent.

Un seul mot sur ces cadrans va achever de confondre et de-démasquer le prétendu tour et les nouveaux faiseurs explicateurs. Malheureusement pour eux ce tour n'est pas nouveau, et il y a plus d'un siècle, que de grands physiciens en ont fait honneur au Diable, son véritable agent.

Le père *Lebrun*, au premier livre de son *histoire critique des pratiques superstitieuses*, etc. . . . . (chap. 14. parag. 6.) fait exactement la même description que celle que l'on a lue plus haut, des deux cadrans (si non qu'il les appelle boussoles), des vingt-quatre lettres de l'alphabet gravées autour, des deux aiguilles prétendues aimantées, ou jouant par l'aimant, et des deux amis qui, quoiqu'éloignés l'un de l'autre, se communiquent leurs secrets par ce moyen; mais il désabuse ceux qui croiraient que ce fait est physique et naturel : il dit que « plusieurs auteurs ont réfuté

» cette erreur ; » que depuis long-temps des savans qu'il nomme, savoir : » les P. P. » *Kirker* et *Gaspard Schot*, ont remarqué » qu'on s'est servi de l'aimant pour des » usages évidemment superstitieux ; » et dans ce livre du P. *Lebrun*, *superstitieux* et *diabolique* sont synonimes. Il finit ce paragraphe en ces termes :

» Il n'est que trop vrai que des choses » purement naturelles ont servi à produire » des effets qui ne pouvaient être naturels, » ou qu'on ne pouvait naturellement se pro- » mettre. » Au chap. 5 du même livre, parag. 30, il avait déjà donné le même effet comme *naturellement impossible*.

Sur quoi observons de rechef la différence entre nos philosophes d'aujourd'hui et ceux du 17e. siècle. Ce fait des deux cadrans ou des deux boussoles, a été présenté par le P. *Lebrun*, à la critique des académiciens du 17e. siècle. D'autre part, il est indubitable qu'il a été vu par ceux du 18e. Qu'ont dit les premiers? Si l'on nous certifie la vérité du fait et de faits semblables, nous prononçons « qu'ils doivent avoir des causes » qui ne peuvent être rapportées à la phy- » sique ; ou qu'ils sont superstitieux, et » viennent évidemment du mauvais prin-

» cipe; » paroles expresses des académiciens sous Louis XIV. Qu'ont dit les savans philosophes du milieu du 18e. siècle, c'est-à-dire, sous Louis XV, touchant ce fait répété des deux cadrans? Hélas! trop convaincus par leurs yeux de sa réalité, et tout déconcertés, ils ont dit: « ceux qui les opèrent ces faits, ont découvert un nouvel » agent dans la nature. » Mais que disent sur la fin de ce même 18e. siècle et sous Louis XVI, d'autres savans qui ont vu ou ces faits, ou au moins des faits équivalens, dans les œuvres des *Mesmer*, des *Somnambules*, des *Cagliostro*, etc. . . . . . . ? Ils ont dit : « nous croyons devoir ne rien » conclure de ces faits qui contredisent toutes » les lois de la physique, parce que les » causes en sont cachées et inextricables; » paroles expresses des docteurs choisis par Louis XVI, pour examinateurs et pour juges.

Les premiers reconnaissent le pouvoir du Démon; les seconds ne voient plus cet être malfaisant, il est loin de leur pensée; ils entrevoient un autre principe qu'ils cherchent, mais qu'ils ne connaissent point. Les derniers disent nettement qu'ils restent et veulent rester dans leurs ténèbres, et qu'*il n'y a rien dans ces faits prodigieux ni à voir ni à conclure*. Tel a été en France le progrès des lumières depuis la fin du 17e. à la fin du 18e. siècle. Français du 18e. et du suivant, soyez fiers et réjouissez-vous !

Nous ne daignons pas continuer de réfuter les prétendues explications de la *Magie dévoilée*, *etc.* . . . . . du sieur *Decremps*. Pour peu d'attention qu'on mette à les lire, et bien plus encore, si l'on en vient à l'exécution des moyens qu'elles présentent, on se convaincra que les tours les plus frappans, exposés dans son livre, qui ont le plus excité l'admiration, n'ont nullement été faits de la manière dont il le prétend (cependantils ont été *faits !*); que le plus grand nombre de ces explications sont fausses et les moyens insuffisans. C'est un aveu que nous avons reçu souvent de la bouche de plusieurs physiciens d'une adresse et de talens supérieurs, qui, dans leur cabinet, en présence d'hommes habiles, en avaient fait l'épreuve; et si ce n'était superflu pour notre cause, nous démontrerions la justesse de cet aveu, en analysant chaque tour l'un après l'autre. Nous ne pouvons tenir cependant contre la tentation de prouver encore, par quelques exemples, la nullité de ces explications.

Dès l'ouverture de ce livre, on voit en gravure « un professeur de physique amu- » sante, qui après avoir réduit en cendres » une carte choisie au hasard, jette le jeu » en l'air pour la faire reparaître en la » clouant au mur, d'un coup de pistolet. »

Que l'on suive l'explication donnée par le sieur *Decremps*, on verra sur-le-champ qu'il s'embrouille, se contredit, ne s'accorde pas avec lui-même, et si l'on essaie son procédé, on verra mieux encore que physiquement il est inexécutable.

A la page 18, M. *Decremps* convient que « ce tour est difficile à deviner par sa » complication. » Nous le savons. Dans l'exposition (page 15.), il dit que *le faiseur prend la carte choisie et échancrée, et qu'il la réduit en cendres;* dans l'explication (page 16.), qu'*il passe dans son cabinet;* que « revenu sur le théâtre, il » demande la carte choisie; (p. 17.) » qu'*il la porte à son compère* : mais il venait de dire que, dès le premier moment, on la lui avait remise et q 'elle avait été brûlée. Il y a donc ici ou un faux, ou une contradiction; mais ce petit inconvénient n'est rien en comparaison de ce qu'on va lire.

Comme, pour augmenter le miracle, le

faiseur s'est engagé à « mettre dans le pis» tolet un clou marqué, fourni par un » spectateur, lequel clou sera reconnu avec » la carte brûlée, ensuite reproduite et » clouée; » second prodige qui vraiment a eu lieu dans ce tour; M. *Decremps*, admirable invention! a imaginé, pour escamoter ce clou et le porter vîte au compère, de pratiquer *un trou sous le canon près la lumière* (p. 16.), et afin que le tireur ne soit pas blessé dans l'explosion par ce canon ainsi percé (accident fort possible.), autre invention plus admirable encore! « sitôt que le clou lui » est tombé dans la main, faisant glisser » sur cette ouverture une espèce de virole » en fer, il l'assujettit et la fixe pour qu'on » ne s'apperçoive de rien » (p. 17.). Que le lecteur n'aille pas croire que c'est nous qui lui en imposons, qu'il lise les pages citées, et toute l'explication.

Et puis, de bonne foi nous demandons, et qu'avec la même bonne foi on veuille bien nous répondre; comment se persuader que les spectateurs voyant le faiseur aller tant de fois dans le cabinet, revenir tant de fois du cabinet, ainsi que le dit le sieur *Decremps*, ne s'apperçoivent de rien, ne se doutent de rien? Comment penser que ce tour si compliqué ait été tant applaudi? Eh! c'est qu'il a été fait, mais non par les sots expédiens que met en jeu M. *Decremps;* c'est qu'il a été fait, fait sur des murs de plâtre, murs où il n'y avait ni boiserie, ni glace, ni tapisserie; fait avec une prestesse, une précision qu'il n'est pas donné à l'homme d'avoir, et dont on n'a pas d'idée, à moins qu'on n'ait vu; c'est qu'il a été fait sans compère quelconque: chose au-dessus de toute merveille!

En 1788, nous avons vu la tête ou poupée parlante, répondant à son interlocuteur très-distinctement, très-intelligiblement. Nous étions accompagnés de personnes jouissant aujourd'hui comme alors, de toutes les facultés du corps et de l'esprit, et supérieures à tout préjugé. Ce tour se faisait à Paris, dès le commencement du règne de Louis XVI, et même auparavant.

Il est fâcheux pour M. *Decremps* que la description et l'explication qu'il donne de cette poupée, soient fausses d'un bout à l'autre, et tout-à-fait maladroite, mais fausses, sur-tout relativement à la figure à qui nous avons parlé et qui nous a répondu.

A la page 180 de la seconde partie, il dit que « la bouche de cette poupée était

» traversée par un grand porte-voix ; » page 182, qu'elle rendait « ses oracles par l'inspiration d'une véritable commère, dont » je vois, ajoute-t-il, remuer les jupons au » bas d'une armoire mal fermée ; » page 183, *qu'elle n'était pas suspendue au milieu de la chambre*, mais « placée au » centre d'une grande ouverture faite dans » une cloison, pour empêcher les specta- » teurs trop curieux de passer par derrière, » où ils auraient pu voir facilement l'em- » bouchure postérieure du porte-voix, ce qui » aurait pu donner de violens soupçons de » compérage. . . . . ; que la poupée était » attachée de manière qu'on ne pouvait pas » la tourner pour voir l'embouchure posté- » rieure, et que d'ailleurs cette embou- » chure était masquée par un énorme pa- » nache, etc. . . . . »

Il dit, à la même page 183, que « la » poupée ne parlait qu'à voix basse ; » ce qui est très-vrai : il fallait ajouter *qu'on ne lui parlait aussi qu'à voix basse ;* et page 180, qu'il « n'était pas possible de prétendre » qu'il y avait un nain caché dans la pou- » pée.... qu'elle était trop petite.... et qu'on » entendait aussitôt une réponse analogue » à une question quelconque en français,

» en espagnol, ou en portugais, réponse » qui provenait de l'intérieur même du porte- » voix. »

Or, tout ce que dit ici M. *Decremps* tourne contre lui, et prouve évidemment que son explication est trompeuse. Elle ne peut en imposer qu'à ceux qui veulent se laisser séduire.

Si sa poupée eût été arrangée comme il le dit, et sur-tout si l'on eût vu « au bas » d'une armoire mal fermée, remuer les ju- » pons de la commère, » qui jamais aurait admiré et donné dans le panneau ?

La poupée parlante que nous avons vue, les têtes parlantes que tout Paris a vues, étaient entièrement isolées. Suspendues au milieu d'une vaste chambre, les spectateurs les touchaient, les tournaient et retournaient à leur gré. Elles avaient sur la bouche, seulement pour la forme, un petit tube de fer blanc un peu évasé à la partie antérieure, par lequel on interrogeait, et par lequel sortait la réponse. Il n'y avait point de porte-voix traversant ces têtes, ainsi que l'avance M. *Decremps*, conséquemment point de panache pour le cacher.

Quant à la chambre où nous eûmes le spectacle, et fîmes l'expérience, nos yeux éclairés

éclairés de la lumière naturelle du jour, et non d'aucune lumière factice, eurent soin de la parcourir. Il n'y avait qu'un espace vide, des murailles nues, nulle tapisserie, sur-tout ni armoire, ni commère. Et nous attestons que trois hommes qui ont pris *un vol élevé* dans la carrière de la nouvelle science aërostatique, dont l'un était lui-même très-habile professeur de physique, astronome et géomètre, après avoir vu dans le même local que nous, la même tête parlante que nous y avons vue, ont déclaré ne pouvoir en donner l'explication. Tout ce qu'ils pouvaient dire au maître de la poupée qui était présent, c'était ce grand mot : *vous avez découvert un nouvel agent dans la nature ;* et ce qui augmentait l'embarras de ces trois savans, et qui devait l'augmenter, c'est que, parlant à voix basse à la poupée, cette poupée n'étant d'ailleurs traversée par aucun porte-voix, quand elle aurait eu et compère et commère, ceux-ci n'auraient pu rien entendre, ni conséquemment répondre, et pourtant la réponse se faisait.

S'ils eussent ensuite considéré ces trois savans, qu'on a entendu, à Paris et ailleurs, ces réponses se faire en différentes langues, et en la même langue que la question avait été faite, au moins avec nous ils auraient pu dire : « nous savons très-bien que les » Démons parlent toutes les langues ; mais » nous savons aussi que les hommes qui » les parlent, ne sont pas réduits, ne s'a- » baissent pas au métier de *compérer*.

Pour « la montre pilée dans un mortier » et rendue entière quelques minutes après, » à son propriétaire qui la reconnaît, » M. *Decremps* avance (page 60, 1re. partie): « qu'on place le mortier près d'une petite » trappe pratiquée dans la table qui sert à » l'opération ; qu'il faut couvrir ce mortier » d'une serviette, pour que le compère, » caché derrière la toile, puisse, sans être » apperçu, après avoir passé son bras dans » l'intérieur de la table (page 9.), ramasser » tous les débris et substituer dans le mortier » la première montre. » (pages 60 et 61.)

Et nous, nous avançons qu'il est impossible qu'un homme caché derrière une toile ou tapisserie quelle qu'elle soit, passant son bras sous une table, ensuite la main et l'avant-bras pour opérer dans un mortier placé sur cette table ; qu'il est impossible, quand le mortier serait couvert et recouvert de deux ou de trois serviettes, qu'il y fasse les substitutions que l'on suppose, sans que les spectateurs ne le voient clairement, et qu'il les fasse ayant le bras dans cette situation.

Nous avançons de plus, que le tour s'est fait sans ces gaucheries. Nous l'avons vu s'opérer sur une table isolée, éloignée de plusieurs toises de toute espèce de parois, conséquemment sans compère. Le mortier était mobile et portatif; examiné par les spectateurs, on n'y trouva pas de double fond. L'explication du S[r]. *Decremps* est donc fausse et menteuse. Il faut en chercher, et qui plus est, en trouver une autre.

En un mot, rien de plus vrai que ce que nous avons dit. Que l'on prenne la peine de lire la *Magic dévoilée, etc.* . . . . . . de M. *Decremps*, on sera convaincu sur-le-champ que sa magie n'est nullement dévoilée; que les expédiens qu'il indique, les tables à soupapes, les leviers, les bascules, les rouages, les pièces aimantées, les cartes plus longues ou plus larges, les fils de fer ou de chanvre, les soufflets, les petits porte-voix, les nains cachés dans des tiroirs de commodes, ou sous les jupons d'un automate, ne sont qu'un leurre; qu'ils sont non-seulement insuffisans à l'exécution des prodiges qui ont été faits à Versailles, à Paris, et dans les principales villes de France, mais qu'ils devaient même nuire à cette exécution, qu'ils devaient l'empêcher, et que nécessairement, puisqu'elle a eu lieu exactement, ponctuellement et lestement, il faut recourir à des moyens d'un autre genre.

Il semble que M. *Decremps* n'ait écrit que pour de bonnes femmes ou pour des écoliers, pour des gens qui le croiraient sur parole, et qui ne le liraient pas. Le plus grand nombre, en effet, ou l'a mal lu, ou ne l'a pas lu. D'autres ont cru à son livre sans le lire, c'est-à-dire se sont persuadés qu'il n'y avait jamais eu nulle part, qu'il ne pouvait y avoir nulle *magie*. C'est ce qu'on voulait obtenir pour la capitale, et sur-tout pour *Versailles*.

Dans un gros volume in-4°., de nouvelles récréations mathématiques, où, en effet, pour la partie physique et mécanique, tout est nouveau, si ce n'est les titres de certains tours anciens, volume intitulé : *Amusemens des sciences, etc.* fait pour *l'Encyclopédie méthodique*. . . . . ; on met dans la bouche de M. *Decremps* (p. 825.), une espèce d'adage qu'il prononce après avoir gagné à un jeu purement arithmétique, contre un adversaire qui comptait l'embarrasser. Cet adage est celui-ci : *tel croit embourber autrui, qui souvent s'embourbe lui-même ;* et à presque toutes les pages de son livre, on voit que c'est M. *Decremps* précisément, qui s'est embourbé.

Pour *qu'un oiseau artificiel, perché sur une bouteille, chante au commandement de la compagnie*, « et chante sans aucun » exercice préliminaire, tous les airs qu'on » lui demande, sans en excepter ceux que » des musiciens consommés dans leur art, » peuvent composer im-promptu devant » lui, » *tour prodigieux*, véritablement exécuté, et qui est le sujet du chap. 3, de la première partie (page 10.) ; c'est toujours le compère, et le compère caché, chantant lui-même « les airs que les musiciens » jouent de mémoire, ou d'après la mu- » sique notée qu'on leur fournit (page » 11.) ; et remarquez-le, imitant si bien la voix de l'oiseau qui est sous les yeux des spectateurs et auditeurs, qu'ils rapportent à son petit gosier les sons qui sortent de la gorge éloignée dudit compère. O merveille !

C'est, pour la parfaite imitation du chant de l'oiseau, « deux pièces de métal en forme

» de cônes creux, derrière la toile, cônes
» inégaux qui servent au compère de porte-
» voix, et sont des échos qui réfléchissent
« la voix vers différens points (même page.);

C'est « dans le corps de l'oiseau perché
» sur sa bouteille, un petit soufflet double
» comme celui d'une serinette, et entre ses
» pieds une cheville mobile qui fait jouer
» le soufflet. Cette cheville entre dans le
» goulot de la bouteille » (p. 12.);

C'est « une pièce de bois qu'on ne peut pas
» voir, parce que la bouteille est opaque....,
» pièce posant verticalement sur le fond
» mobile de la bouteille (même page.);

Ce sont « des bascules qui sont sous le
» tapis, tirées par des fils d'archal cachés
» dans les pieds de la table; » et le tout mis en mouvement par le compère dont le gosier rend si parfaitement la voix d'un oiseau, par le moyen de ce petit échafaudage, que tout le monde y est pris. O, encore une fois, merveille des merveilles!

Pour expliquer un autre tour (page 87, 1re. partie.), le merveilleux explicateur dit
» qu'un petit nain a les jambes et les cuisses
» cachées dans des cylindres creux; »

Pour un autre (page 96, même 1re. partie.) « qu'un petit serin caché dans la

» tête d'un automate, et qui voit tout ce qui
» se passe à travers la matière demi-trans-
» parente de la tête, et à travers le verre
» qui forme ses yeux, » quelle vue perçante!
» au moindre signe de son maître, change
» de place, » quelle intelligence! « et par
» ces changemens réitérés, produit les plus
» merveilleux effets. » Quelle adresse!

M. *Decremps* expose dans les deux parties de son livre, vers la fin, des faits mille fois plus incroyables et plus prodigieux que ceux dont on a lu le récit. Il dit qu'il a de bonnes raisons pour n'en pas donner l'explication (page 112, 1re. partie.). Nous le croyons. Il atteste hautement la réalité de ces faits (page 113.). Nous sommes persuadés qu'ils ont eu lieu; mais il les place au bout du monde, au fond de l'Afrique; tout lecteur alors est dans le cas de chanter : *va-t-en voir s'ils viennent, Jean, va-t-en voir s'ils viennent, etc.* . . . .

Il est d'autres faits que M. *Decremps*, pour d'aussi bonnes raisons, s'est bien gardé d'expliquer. Ce n'est pas qu'il ne les ait vus. Il ne lui a pas fallu pour cela voyager en Asie ni en Afrique. Paris, Versailles et mille autres villes, les ont vus ainsi que lui.

Le même saltimbanque qui opérait ces anciens tours dont il a traité, faisait ceux-ci dont il ne parle pas, et qu'on dit reproduits par quelques bateleurs du jour.

Votre montre posée sur une table, il l'arrêtait à volonté, et à son commandement elle marquait l'heure qu'il voulait ou que vous vouliez; ensuite, au même commandement, elle se mettait à l'heure vraie, sans que ni lui, ni personne y touchât. Si vous le desiriez, il vous épargnait la peine de mettre votre montre sur la table. Il lui commandait de marcher, de rétrograder dans votre poche ou entre vos mains, et l'arrêtait ainsi à votre gré ou au sien. Ces tours ont eu lieu incontestablement : ils n'ont pu être inconnus à M. *Decremps*. Ils ont été faits avant qu'il travaillât à son livre. Si l'on veut y faire attention, on jugera qu'ils sont sérieux. Pourquoi donc n'en fait-il pas mention? Pourquoi n'essaie-t-il pas de les expliquer? Apparemment qu'au lieu d'être de la magie blanche, il a pensé que ces faits étaient du ressort de la magie noire. Nous sommes de son avis.

On ne manquera pas de nous objecter ici que tous ces prodiges, soit ceux dont a traité M. *Decremps*, soit ceux dont il n'a point parlé, se renouvellent journellement sous les yeux du public, et qu'il n'est personne, si peu instruit, qui ne voie le mécanisme et les moyens de ces opérations.

Premièrement, nous nions et sommes fondés à nier que les prodiges renouvelés aujourd'hui, soient les mêmes que ceux vus vers la fin du règne de Louis XV, et sous Louis XVI, les mêmes que ceux qui, de l'aveu de M. l'explicateur, *ont fait l'admiration de la capitale et de la province.* Ils ont, si l'on veut, l'air d'être les mêmes; ils paraissent les mêmes, on leur donne la même dénomination; mais ils sont altérés, dénaturés. On y emploie à dessein de grosses fin[illegible]s. C'est une ruse des magiciens et dém[illegible]olâtres maintenant existans, ruse dont il est aisé de pénétrer les motifs. C'est par cette ruse qu'ils se sauvent eux et leurs devanciers, et qu'ils détournent les soupçons qui pourraient les atteindre.

Secondement, notre intention n'a pas été et n'est pas de prononcer sur les nouveaux tours, ni sur les nouveaux jongleurs. Il faudrait que préalablement nous les eussions vus et examinés.

Troisièmement, quand les tours modernes seraient purement physiques, il ne s'en suivrait rien contre ce que nous avons démontré des *somnambules*, des *Mesmer* et des *Cagliostro*. Nous sommes convenus que dans les anciens tours, quelquefois les moyens physiques avaient été mêlés aux moyens diaboliques. Le même mélange, les mêmes astuces ont encore lieu aujourd'hui.

Qu'on s'efforce d'ailleurs, tant qu'on voudra, de persuader au peuple qu'on voit toujours les mêmes prodiges qu'on a vus sous Louis XV, le plus grand nombre de ceux qui habitent actuellement *Versailles* et *Paris*, s'ils vivaient sous ce prince, et s'ils veulent être vrais, attesteront le contraire. Les cadrans sympathiques, la partie de piquet gagnée sans toucher les cartes, les têtes parlantes au point de perfection où nous les avons entendues, le ventriloque isolé et pareil en force à celui qu'osa amener *la Chapelle* à l'académie, plusieurs autres amusemens prétendus physiques cités dans *Decremps*, exécutés aussi sous Louis XVI, ne se voient plus, quoiqu'on dise.

Si des procédés purement physiques les ont opérés, rien ne devrait être plus commun que les opérateurs de ces tours qu'on dit être de magie blanche ; il n'est pas en France une ville, pas un hameau qui ne dût, chaque soir, être amusé par son faiseur de prodiges. Cependant *ces sortes de gens*, pour nous servir de l'expression de M. *de la Chapelle*, ces sortes de gens accusés par des savans « d'avoir découvert un nouvel » agent dans la nature, » sont extrêmement rares, quoiqu'on fasse accroire à la multitude qu'il en est en foule. Finissons.

Il n'y a nul doute que des piéges de toute espèce ont été tendus à la France durant presque tout le dix-huitième siècle, et surtout pendant la moitié qui vient de s'écouler, pour lui ôter toute idée de magie et de commerce avec les démons, conséquemment pour la tromper.

Dès 1728, dans un faubourg de Paris, sur un cimetière pour théâtre, on fit à l'aide des Diables, des prodiges très-réels, qui, presque jusqu'à nos jours, ont été continués dans certaines maisons, sous le nom de *convulsions*. On en a dressé les procès-verbaux signés de témoins oculaires, et des hommes très-instruits furent convaincus que les magiciens y avaient la plus grande part (1).

---

(1) Un Journaliste moderne a inséré dans sa feuille, à l'article des éphémérides, sur la clôture du petit cimetière de St.-Médard, clôture faite le 27 janvier

Vers 1771, on vit en Dauphiné un prodige d'un autre genre. C'était un jeune

---

1732, que les convulsions furent un effet d'organes ébranlés dans quelques zélateurs d'un esprit faible, et que « ceux qui montaient sur la tombe, donnaient » à leur corps des secousses qu'ils prenaient eux-» mêmes pour des prodiges; » d'où il dit que ces convulsions étaient *légères*. D'autres écrivains pourront démontrer par certains *Mémoires* du temps, authentiques et irrécusables, que les prodiges opérés sur la tombe, ou à la prétendue intercession du Saint diacre, furent autre chose que de légères convulsions, et n'étaient pas des évènemens purement naturels. L'auteur de cet article cite un passage d'une lettre d'*Amolon*, archevêque de Lyon, dans le neuvième siècle, à *Théobald*, évêque de Langres, sur de pareils évènemens, en l'an 844. S'il avait cité plus au long, ses lecteurs auraient vu que l'archevêque *Amolon* prononce que ces faux miracles devaient être attribués autant *aux Démons* qu'à l'imposture des hommes pervers : ce qu'avoue l'historien *Fleury* dans sa traduction de la lettre d'*Amolon*. *Agobard*, prédécesseur de celui-ci, avait porté le même arrêt et donné le même avis, quelques années auparavant, à l'évêque de *Narbonne*, sur les mêmes merveilles qui avaient eu lieu dans l'église de St.-Firmin d'*Uzès* : « *Agobard* » attribue ces plaies à l'opération du Démon. Il dit » que, puisque dans cette église, il ne se faisait pas » de vrais miracles, qu'au contraire, ceux qui se por-

homme dont la vue traversait la terre, au point qu'il voyait les eaux les plus profondes, ce qui lui fit donner le nom d'*Hydroscope*. Le fait fut constaté : il en existe des preuves authentiques ; on en trouvera une dans le premier Mercure d'octobre 1772, page 166. C'est une lettre d'un homme d'un rang distingué, datée de Valence, à M. *Delalande*.

Le même prodige, sous une autre tournure, s'est renouvelé depuis peu d'années. Un nommé *Bleton*, non par ses yeux, mais par tous ses membres, ou pour mieux dire, par la crispation de tous ses membres, indiquait les eaux sous terre ; il faisait creuser, on les trouvait ; il a parcouru diverses provinces de France, a porté son talent dans la capitale, et s'y est, à ce que l'on dit, enrichi.

Le docte médecin, M. *Dehaen*, dit au dernier chapitre de son *traité de la magie* dont nous avons parlé, que si, ce qui n'est pas sans exemple, et il en cite, que si l'on

---

» taient bien, devenaient malades, ce ne pouvait être » que l'ouvrage de quelque mauvais ange. » Ce texte se lit dans l'*Histoire de l'Eglise gallicane*, tom. 3, page 379, édition de Nîmes, 1782.

voit sortir de quelque partie que ce soit du corps humain, sans lésion considérable, des choses qui naturellement ne peuvent y entrer, comme des couteaux, des morceaux de verre, de fer, de poix, des touffes de crin, des os, des insectes, de grosses épingles, des charbons, etc. . . . ces *faits* doivent être regardés comme magiques, et attribués aux Démons. Quelqu'un qui relira les Mercures, Journaux et autres dépôts de *nouvelles*, de 1765 à 75 ou 76, en trouvera de ce genre arrivés à ces époques.

Il est vrai que les savans, les académiciens, les physiciens ont nié les faits; ils ont démontré qu'en bonne physique, et d'après les lois de la nature, ces faits étaient impossibles. MM. les théologiens n'eurent pas grande peine à prouver que le diacre François Paris n'était pas un homme à miracles. Un homme qui, avant de mourir, se sépare de l'*église*, bien surement ne fera pas de miracles; tel fut leur raisonnement, et nous, nous ajoutons : ou s'il en fait, ils seront opérés par des magiciens et démonolâtres, comme l'ont été ceux du bienheureux diacre.

Cependant les plus beaux raisonnemens du monde ne tenant pas contre des *faits*, ne pouvant anéantir des *faits*, le grandissime nombre qui les avait vus, et dont maint et maint savait bien voir, resta persuadé de leur réalité ; mais c'est ici que le diable trouvait son compte, et que dans l'ombre, il préparait le succès de ses machinations contre cette France aveuglée.

Les uns disaient : dans ces *faits* incontestables, il y a certainement du surnaturel : où sont les yeux capables naturellement de percer les corps opaques ? Pour ce qui est de *Bleton*, puisqu'il a la fièvre sur un terrain couvrant des sources, il doit aussi l'avoir sur un pont, ou embarqué sur une rivière : il devrait l'avoir toujours puisqu'il est peu de terres qui ne couvrent des eaux ; pourquoi donc ne l'a-t-il que transitoirement ? L'état de cet homme, placé sur une source, tient donc du merveilleux ; c'est un état tout-à-fait hors de la nature. Ils n'avaient pas tort.

Les autres disaient : ni Dieu, ni le Diable ne sont en tout ceci. Dieu ne se mêle pas de ces vétilles. Toutes ces scènes bonnes à être mises sur des treteaux, sont indignes de Dieu ; quant au Diable, c'est une chimère : il n'existe pas ; ou s'il existe, il n'a point de pouvoir. Ils niaient *les faits*. C'était le seul parti qu'ils eussent à prendre pour se tirer d'embarras. Mais c'est ici, nous le répétons, c'est dans ces profondes ténèbres, que le Diable faisait ses affaires, qu'il aiguisait ses traits pour nous crever les yeux, pour tuer ensuite et nos ames et nos corps; c'est ici qu'il eût fallu porter la lumière, dévoiler devant toute la France, les œuvres, les ruses, les complots du Diable et de ses suppôts, les magiciens et démonolâtres; c'est ici que nos docteurs, nos surveillans, nos gouvernans, ceux qui étaient instruits, qui savaient, qui pouvaient parler, devaient prendre la parole; mais le respect humain, mais la crainte tyrannique autant qu'absurde du ridicule, de compromettre son nom, sa réputation, lia leur langue, brisa leur plume : *canes muti, non valentes latrare*, Isaïe 56, 10; et la France ne voyant rien où il y avait le plus à voir, resta trompée.

D'un autre côté, depuis quarante ans, il n'a pas paru un imprimé, pas un in-12, pas un in-16, pas un in-4°., pas un in-folio, pas la plus chétive, la plus misérable brochure; on n'a pas traité un sujet soit de science, soit de littérature; il n'y a pas eu une production en matière de physique, de morale, d'histoire, de romans, de voyages, où l'on n'ait inséré ce mensonge si affreusement

ment fertile en conséquences, et qui a eu de si funestes suites. » Il n'y a point, il » n'y eut jamais d'hommes ni de femmes » qui réellement aient communiqué avec » les Démons, il ne peut y en avoir. Tous » ceux qui ont cru à cette communication, » étaient des visionnaires ou des ignorans. » Nous, nouvellement nés, nous qui habi- » tons le globe depuis hier, nous avons » des lumières bien supérieures.

Telle est la doctrine des *la Chapelle*, des *Decremps*; c'est à-peu-près mot à mot leur langage; c'est celui aussi d'un livre peu ancien, destiné aux grandes bibliothèques; c'est ce qu'entendent enseigner à leurs lecteurs, les auteurs des *Cérémonies et Coutumes religieuses de tous les peuples du monde*; 4 volumes in-folio, de 1783, avec gravures.

Ces auteurs parlent de *Bleton*, au tome 4, pages 221 et suivantes. Ce qu'il faut bien remarquer, c'est qu'ils conviennent de la réalité du *fait* de cet homme qu'ils appellent *sourcier*. Ils le disent sorti du Dauphiné, le font passer par Santenay, Chassagne, Pomard, etc. . . . . . c'est-à-dire, par la côte des plus grands vins du monde. Ensuite, après avoir donné des preuves péremptoires de son savoir-faire, en produisant le témoignage des habitans les plus notables de cette côte, d'un militaire entr'autres, propriétaire du pays, dont ils impriment une lettre qui affirme « qu'à la profondeur de » quatorze pieds, et dans une maison où » il existe un puits très-profond, sans eau, » *Bleton* a trouvé une source; » après avoir avoué ce *fait si extraordinaire*, et multiplié d'autres témoignages et d'autres preuves, ces messieurs très-conséquens, et pourvus d'une logique à eux seuls connue, finissent sur ce *Bleton*, par cette belle phrase : » éclairés par les vrais philosophes, ses ad- » mirateurs n'ont retiré de leurs réflexions, » de leurs panégyriques, de leur enthou- » siasme, que la honte d'avoir préconisé » un homme ordinaire. » (p. 224, t. 4.)

Par une suite des mêmes principes de bonne logique et de saine philosophie, les mêmes auteurs vilipendent le docteur *Thiers*, et les dernières années du siècle de Louis XIV, parce que ce docteur a cru à un fait éclatant, vu dans ce temps-là, *lequel fait*, d'accord avec des hommes d'un mérite reconnu, il n'hésita pas de donner au Démon; savoir : les opérations de la baguette divinatoire de *Jacques Aymar*.

» En vain, disent-ils, le docteur *Thiers*

» a recours à la puissance du Démon et à » la force des enchantemens ; en vain on in» voque les secrets de la philosophie occulte ; » en vain des personnes plus éclairées, cher» cheraient dans les ressources de la nature » l'explication de ce phénomène : tous les » efforts que l'on peut faire, pour justifier » les historiens à ce sujet, contribueraient à » prouver leur ignorance ou leur mauvaise » foi ; et ce serait participer à l'*ignominie* » dont s'est couvert, à bien des égards, un » siècle superstitieux, crédule, pusillanime, » et livré à toute la faiblesse de ses préjugés, » que de vouloir défendre ses erreurs ou » ses folies » (pages 220 et 221.). C'est ainsi qu'on traite aujourd'hui le siècle de Louis XIV !

Ces Messieurs, comme on voit, nient le fait de *Jacques Aymar*, et de la baguette ; ils accusent d'ignorance ou mauvaise foi ceux qui en ont écrit l'histoire ; ils ignorent eux-mêmes, ou affectent d'ignorer que depuis long-temps on n'a vu peu de faits mieux constatés ; que depuis long-temps cette cause est décidée ; que, dans un petit volume imprimé à Paris, chez *Jean Boudot*, en 1693, on trouve ce fait dénoncé au célèbre Mallebranche, par son confrère le Père

Lebrun, de l'Oratoire, qui l'avait vu ainsi que tout le Dauphiné, le Lyonnais, etc...... (ce volume est intitulé : *Lettres qui découvrent l'illusion des philosophes sur la baguette, et qui détruisent leur système.*); qu'enfin le Père Lebrun, le Père Mallebranche et autres hommes instruits, le fait bien vérifié, l'ont attribué au Démon. D'où il faut conclure qu'en vain aujourd'hui on voudrait le nier, comme on fait nos savans auteurs des *Cérémonies et Coutumes religieuses, etc.* . . . . . ou l'expliquer à la manière de nos prétendus explicateurs et *démonstrateurs de physique amusante*, qui, pour mieux tromper, le dénaturent, et qui, en outre, n'expliquent ni ne démontrent rien, ce qu'on verra chap. 24, 1re. partie, page 62 du livre de M. *Decremps*.

Les mêmes auteurs philosophes sont très-scandalisés de ce que « *Thiers* qualifie sé» rieusement Bodin (auteur de la Démo» nomanie.), d'homme de bon esprit, de » grand sens, de grande érudition, et de » grande expérience, et qui n'était pas trop » crédule. » (p. 199, art. 8, tom. 4.)

Ils mettent au rang des talismans et des pratiques de l'astrologie judiciaire, la médaille de Saint Benoît, contre les sortilèges, que par règlement de Saint Vincent de Paule (car le bon Saint croyait aux sorciers.), les Sœurs de la Charité portaient sur elles, et qu'on leur donnait à toutes le jour de leur prise d'habit. Cette médaille antique se vendait encore à Paris en 1792, au palais d'Orléans, chez une marchande, près le jardin de Madame.

On sera, ou peut-être on ne sera pas surpris de la trouver bien gravée sur la planche des talismans. (planche 28, au tome dernier.)

En un mot, les savans *éclaireurs* (c'est pour tels qu'ils se portent.) font le procès (1)

---

(1) Ils pouvaient faire le même procès avec bien plus d'avantage encore, à tous les siècles de la monarchie qui ont précédé celui de Louis XIV, notamment au siècle de Charles IX, où l'on fit mourir un magicien convaincu, nommé *Trois-Echelles*, dont parlent : 1°. les historiens contemporains; 2° Bodin, dans sa Démonomanie; 3°. Ambroise Paré, dans ses traités de Chirurgie, liv. 25, chap. 30; 4°. Naudé, dans son Apologie des grands hommes soupçonnés de magie : chap. 3, il reconnaît celui-ci pour vrai magicien; 5°. Bayle, dans ses *œuvres diverses*, tom. 3, chap. 55; 6°. l'Encyclopédie in-folio, au mot Sorcier. Dans Bodin, l'histoire de ce démonolâtre est curieuse, et à coup sûr, il n'eût passé aujourd'hui que pour un *professeur de physique amusante*.

non-seulement au siècle de Louis XIV, mais à tous les peuples du monde, pour avoir cru aux magiciens, aux enchantemens, aux apparitions des esprits :

« Superstitions des peuples pour les *Sorciers*, art. 7, tom. 4, p. 177; »

« Superstitions des peuples pour les *Enchantemens*, art. 8, p. 189. »

« Superstitions des peuples sur l'*apparition des Esprits*, art. 9, p. 203. »

Il semble que la génération du 18e. siècle, c'est-à-dire du 58e. depuis la création, soit sans contredit la génération transcendante en tout genre de mérite, et que les millions de milliards d'hommes qui nous ont précédés, n'étaient pas des hommes, ou n'étaient auprès de nous, pour les facultés intellectuelles, que des avortons.

« Les lumières du siècle où nous vivons, » la saine philosophie qui guide aujourd'hui » toute l'Europe, ne nous permet pas de » nous appesantir davantage, sur une ma- » tière dont la futilité est aussi manifeste » (la matière de la magie !). C'est ainsi qu'ils s'expriment aux pages déjà citées 220 et 221 (1);

---

(1) Pour rabattre les fumées de cet orgueil qui ne

et comment prouvent-ils, ces messieurs, la futilité de cette matière?

Visions, chimères, imaginations, fanatisme, superstition, voilà les argumens dé-

---

fait pas honneur à la science ni au discernement du 18e. siècle, il ne faut que lire ce petit morceau de M. Court de Gebelin, auteur du *Monde primitif*, dans sa *Lettre à ses souscripteurs*, au sujet de sa guérison par le magnétisme, guérisons dont nous avons parlé, page 50.

« Plus nous fouillons dans l'antiquité, plus nous » y trouvons des preuves nombreuses et étonnantes » que nos découvertes les plus précieuses, les plus » rares, ne sont qu'un retour vers cette antiquité si » étonnante elle-même. Ce que nous disons ici est » vrai, sur-tout des connaissances physiques. Fondées » sur la nature, toujours la même, elles dûrent se » présenter aux hommes toutes les fois qu'ils voulurent » prendre la nature pour guide. C'est ainsi que nous » avons prouvé ailleurs que *l'électricité*, son appareil, » son coup foudroyant, découvertes de nos jours, » avaient été connues des anciens qui en savaient » même tirer un beaucoup plus grand parti que nous » pour le bonheur des nations. »

Le public français ne peut avoir oublié qu'à l'époque de nos premiers aërostats, on lui a prouvé que nous ne pouvions nous targuer d'en être les inventeurs, et que, depuis nombre de siècles, la découverte en était faite. On peut revoir certaines feuilles périodiques de ce temps-là.

monstratifs des auteurs des *Cérémonies et Coutumes religieuses de tous les peuples du monde*, contre les croyans à la réalité de la magie; et c'est ainsi que leur cause est gagnée contre tous les peuples du monde; c'est ainsi qu'aujourd'hui on séduit, on trompe tous les peuples du monde, et surtout l'Europe, la France, notre malheureuse patrie, qui à elle seule a valu et peut valoir encore tous les peuples du monde.

Et n'oublions pas que cet ouvrage était dirigé spécialement pour les gens riches, comme celui de *Decremps* pour les gens de la cour, et celui de *la Chapelle* pour les académiciens, anatomistes, médecins, physiciens; sans préjudice, bien entendu, des droits de tout individu sur chacune de ces productions.

Au reste, on a vu à Paris et dans les principales villes de France, d'autres *faits prodigieux* dont il n'est nulle mention dans les livres de Messieurs les explicateurs. Nous avons vu une femme lever, au moyen de ses cheveux entrelacés d'une corde, une pierre, pesant plusieurs quintaux. On en a vu une autre porter sur son corps horisontalement étendu, une pierre du même poids, ses pieds étant sur un tabouret, et sa tête sur un second tabouret. Nous habitons une ville où l'on a vu un homme lever, en se servant uniquement de sa machoire et de ses dents, une table sur laquelle était assis un autre homme. Nous ne craignons pas qu'on nous conteste ces faits, et il est vraisemblable que parmi nos lecteurs, il s'en trouvera qui les auront vus; mais ceux qui les ont vus, ont-ils bonne grâce de dire : on ne connaît pas les forces de la nature? La nature d'un homme qui avec les dents, enlevait une table sur laquelle posait un autre homme qui certes n'était pas de carton!

Si l'on nous répond sur ces prodiges, ainsi que sur tous ceux qui ont fait la matière de notre ouvrage, et nous avons reçu à Paris cette réponse, de la bouche de gens qui n'étaient pas sans étude; si l'on nous répond : *cela se fait, cela se voit, donc cela est naturel* (1); nous ne

---

(1) On nous a mandé plusieurs fois que c'est ce qui se dit encore à Paris, sur les étonnans effets de ce qu'on appelle la *Fantasmagorie*, mot tout-à-fait neuf, et qui sans doute a été créé pour la chose très-neuve aussi. Nous nous garderons bien de prononcer sur ce spectacle, parce que nous ne l'avons pas vu. Seulement nous

répliquerons pas, et déclarons au contraire authentiquement qu'avec des raisonneurs de cette force, jamais nous n'aurons rien à démêler (1).

---

avons remarqué que différens papiers publics ont dit de certains physiciens qui l'ont suivi, ce spectacle, *qu'ils ne sont pas plus avancés que le premier jour, dans l'explication des effets étonnans qu'ils voient souvent à la fantasmagorie d'Olivier et de Demmenie.* C'est ce que nous avons lu, et ce qui, bien surement, pour une ville savante, comme est Paris, est très-remarquable.

(1) Touchant les prodiges de l'espèce de ceux dont nous avons parlé, et en général sur les *faiseurs de petits prodiges*, nos pères avaient une manière de voir et de penser bien différente de celle que nous avons aujourd'hui.

Que l'on consulte le *traité de la Police*, de Delamare, traité que les auteurs du Mercure littéraire de France appelèrent un chef-d'œuvre peu d'années avant la revolution. Cet habile Jurisconsulte résume au livre 3, titre 7, chap. 4, toutes les lois, ordonnances et déclarations de nos rois, contre les *magiciens*, depuis le commencement de la monarchie. Il prouve que ces monstres étaient regardés comme ennemis de l'Etat, que la police ne les souffrait point. Il rapporte qu'une ordonnance contr'eux, d'un Prévôt de Paris, fut publiée dans toutes les rues et carrefours, en présence du Lieutenant criminel, du Procureur du roi,

CONCLUSION

ET GRANDES VÉRITÉS.

Pour l'homme penseur, observateur, inaccessible aux préjugés qui dominent la multitude, pour quiconque, dans la dégénération présente, a eu le bonheur de recevoir avec la vie une ame droite, un esprit juste; s'il a lu avec attention cet ouvrage, l'existence en France d'une suite non interrompue de *démonolâtres* ou magiciens, au moins depuis un demi-siècle, ne sera pas un problême : Il reconnaîtra aisément cette vérité; mais il ne la verra qu'accompagnée de réflexions terribles.

Le bouleversement général, l'anéantissement du Gouvernement, de la religion, l'effusion du sang, le délire, la guerre sans

---

et de plusieurs autres magistrats et citoyens notables qu'il nomme, « ce qui, ajoute-t-il, ne s'est jamais » observé avec tant de cérémonie que dans les affaires » les plus importantes, et qui regardent le bien général » de l'Etat. » Mais nos pères étaient des fous ou des ignorans!

fin, soit au dedans soit au dehors, ce sont des maux inévitables à tout Etat qui a dans son sein des magiciens, qui les caresse, qui les protège, et c'est les protéger que de ne les surveiller pas, de ne pas y croire.

Ces monstres ne sont pas libres : ils sont vendus à un maître qui les meut, qui exerce par leurs mains sa haine invétérée, qui se sert d'eux pour tout détruire ; un dieu irrité le voit et le permet. C'est là le juste sort que depuis dix ans subit la France; c'est le sort qu'elle subira tant que la majorité de ses habitans restera volontairement dans son aveuglement.

Les vrais factieux, les véritables conjurés contre toute société sainte ou profane, il ne faut pas les chercher dans ceux que l'on appelle *illuminés*, *jacobins*, *arrière-maçons*. Dès-là qu'il est prouvé qu'il y a dans un Etat des *démonolâtres*; sur un million d'êtres à face humaine, n'y en eût-il qu'un, voilà ses ennemis capitaux, ses ennemis nécessaires. Si les *jacobins*, *francs-maçons*, *illuminés* ne communiquent pas réellement avec les démons; s'ils ne sont pas initiés à ses damnés mystères; quelque nombreux qu'on les suppose, leur rage est impuissante contre la totalité du genre humain; mais s'ils sont dans ce commerce, si réellement ils ont fait *pacte* avec l'enfer, *pacte* qu'ils transmettent à leur progéniture ; et c'est là, en effet, le secret du plus grand nombre d'entr'eux, voilà les véritables conjurés, voilà nos bourreaux. Ils conspirent contre tout bien, ils conspirent contre eux-mêmes, ils n'ont de pouvoir que pour détruire, pouvoir sur les esprits, pouvoir sur les corps animés ou non ; et d'un bout de la terre à l'autre, leur perfide maître les ligue (1), les pousse, les anime irré-

---

(1) Voilà le vrai *mot* qui explique l'énigme de cette communication souterraine dont parle l'auteur des *Mémoires pour servir à l'histoire du Jacobinisme*, dans les dernières pages de son 3e. volume, 424, 425, 426, 427 et suivantes, communication par laquelle il prétend que *Veishaupt soufflait son esprit en un clin-d'œil à des milliers de monstres armés de leurs piques, de leurs torches et de leurs haches, pour le jour des révolutions*; mais communication qu'il n'explique pas, dont *Veishaupt* lui-même s'est bien gardé de donner l'explication, ou s'il en donne une, elle est absurde, dérisoire et pitoyable.

On peut s'étonner qu'il ne l'ait pas prononcé ce *mot*, l'auteur de ces *Mémoires*, etc. . . . . , après les renseignemens nets et précis, que plusieurs endroits de son ouvrage attestent qu'il a eu sur le commerce du plus grand nombre de ces jacobins, martinistes,

sistiblement contre tout ce qui l'habite.

Le philosophe chrétien, l'homme religieux élevera ses pensées plus haut. Dans ces faits prodigieux qui ont eu pour témoins la France et presque toute l'Europe, durant le cours

---

illuminés, arrière-maçons, avec le Diable et les Démons, renseignemens auxquels le préjugé règnant en Angleterre comme ailleurs, l'a sans doute empêché de faire attention. Ce qu'il y a de plus étonnant encore, c'est que ce savant paraît croire à l'explication de *Veishaupt*, laquelle est vraiment inintelligible, et pour quiconque l'examinera, ne sera qu'une chimère.

Nous avons sous les yeux un écrit de M. P. . . . *Bar*. . . . où il nous mande de Paris, 1er. juin 1792, qu'il reconnaît la vérité du commerce de certains hommes avec les Démons; mais qu'aussi *il est d'autres vérités sur lesquelles il croit plus pressant d'instruire*. Nous sommes ici d'un avis différent. Toutes les vérités qu'enseignent l'église, le catholicisme, le christianisme, ont été en France, dans le siècle de Louis XIV, sous Louis XV et sous Louis XVI, victorieusement établies; la matière est épuisée, il n'y a plus rien à glaner. Cette vérité seule, savoir : le commerce de certains hommes avec les Démons, a été, sur-tout depuis un demi-siècle, oubliée, méconnue, anéantie, et l'erreur qui lui est contraire, subsiste encore toute entière et triomphe. C'est ce que nous avons dit et imprimé déjà depuis quelques années, et c'est ce que nous continuons de dire avec raison.

de ce siècle, il verra l'accomplissement des oracles divins.

Des signes séducteurs, des miracles opérés par Satan, des faux prophêtes, l'esprit de vertige généralement répandu, sont annoncés comme avant-coureurs de ce jour où l'arbitre suprême viendra citer à son tribunal les potentats et les sujets. « Des esprits de Démons faisant des prodiges, » disent les livres saints, iront vers tous » les rois de la terre, afin de les assembler » pour le combat du grand jour du Dieu » tout-puissant. » *Spiritus Daemoniorum facientes signa, et procedunt ad reges totius terrae congregare illos in praelium ad diem magnum omnipotentis dei* (Apoc. 16. 14.). Ce terme fatal approche. Trois grandes lumières de l'église (1), Cyprien, Jérôme, Augustin, et leur opinion est commune à d'autres docteurs qu'il n'est pas besoin de nommer, nous apprennent expressément que la fin du sixième millénaire, ou le

(1) Cyp. ad Fortunatum, de exhort. martyrii, chap. 11, édit. in-fol. de 1726, p. 269. Hyeron. ad Cypr. presbyt. tome 2 de l'édit. du P. Martianay, Bénéd. page 698, in-fol. August. liv. 20 de la Cité de Dieu. Chap. 7.

commencement du septième sera l'époque de l'avènement du souverain juge et de la consommation du temps. La génération présente touche au septième mille; les siècles qui s'écoulent maintenant, doivent donc être aussi l'époque de l'existence des *faiseurs des prodiges* annoncés, des précurseurs de *l'antechrist* qui lui-même, selon St.-Paul, sera le plus grand des magiciens (II. aux Thess. chap. 2, vers. 9.). La coignée est à l'arbre, la verge est levée sur les nations, les vertus des cieux s'ébranlent (Luc. chap. 21., vers. 22, 25, 26.). Le seigneur a le van à la main, il nettoie son aire, il sépare d'avec le bon grain la paille; le jour vengeur n'est pas éloigné. (Luc. chap. 3. vers. 9, 17.)

COROLLAIRE.

La faction qui a ensorcelé Paris, soufflé dans les têtes le délire, annullé le christianisme, fait de la France un monceau de ruines, et des Français une boucherie, est une faction de démonolâtres, d'hommes en commerce avec les démons, faction préexistante aux Etats-Généraux, aux Assemblées Nationales, faction subsistante encore aujourd'hui, aujourd'hui, et que la surveillance seule de la saine partie de la nation, unie aux gouvernans, peut (1) suffire à réprimer.

APOSTILLES.

A la page 267 de son *Ventriloque*, M. *de la Chapelle* donne une explication scientifique du mot *apostille*, dont il assigne l'étymologie. Nous nous dispensons de rapporter et l'explication scientifique et l'étymologie, et nous mettons ici quelques apostilles.

I.

Nous avons montré clairement, dans le cours de cet ouvrage, le sentiment d'hommes de toutes sectes et de toutes religions, touchant la réalité de la magie et sorcellerie, c'est-à-dire, du commerce de certaines personnes avec les Démons, et nous avons prouvé spécialement que l'église catholique ne regarde pas ce crime comme imaginaire.

Il n'est pas hors de propos que nous

(1) *Autorité*. « Ceux qui sont suspects d'être sorciers, » d'autant loin qu'on les voit, sans autre forme d'in» jure, on crie à haute voix, *je me doute*, afin que » les charmes et maléfices de telles gens ne puissent » offenser. » Bodin à de Thou. Fin de l'ép. dédic. de la Démonomanie.

montrions aussi, sur le même objet, le sentiment de l'église protestante. On verra par là que ces deux églises qui, sur d'autres articles, sont, comme on sait, en grande dissidence, sur celui-ci sont d'un accord parfait.

François Perreaud, ancien ministre protestant, se qualifiant ministre du St.-Evangile à *Thoiri*, bailliage de *Gex*, a imprimé à Genêve, en 1653, un traité des Démons et sorciers, qu'il intitule *Démonologie*, et qu'il adresse à l'avoyer et conseil de la très-illustre et puissante *république de Berne*. Dans l'épître dédicatoire, il se répand en louanges sur la grande sagesse des nouvelles ordonnances que la république de Berne venait de rédiger au sujet des *sorciers* : puis, dans le traité, il démontre par l'autorité de l'écriture sainte, de l'histoire et des loix, l'existence et la réalité du crime de sorcellerie, et prouve que les deux églises s'accordent sur cette réalité.

Dans une *relation* qu'il ajoute à son traité, relation d'un fait notable de magie arrivé à Mâcon, dans sa maison, en 1612, et constaté par toute la ville, trois mois durant, il dit à la page 60, que peu avant cette année-là, 1612, avait résidé et était connu à Mâcon, un nommé *César*, insigne magicien.

Et nous notons à cette occasion qu'au chap. 56, de ses *Réponses aux questions d'un provincial*, Bayle parle de ce magicien d'après Pierre Ayrauld et autres historiens contemporains, qui affirment que ce *César*, ainsi qu'un autre magicien nommé *Lafin*, étaient fêtés et sans cesse consultés par les grands du royaume.

D'un autre côté, nous avons dit et faisons observer de nouveau, que le *monde enchanté*, de *Balthazar Becker*, ministre protestant, a été flétri par son église, ainsi que l'auteur, parce que celui-ci nie l'existence du Diable et de la magie. Il est donc suffisamment prouvé que l'une et l'autre église, la catholique et la protestante, ont toujours reconnu la réalité du crime de magie, ou de communication de certains hommes avec les Démons.

II.

La croyance à la magie, croyance fondée sur des *faits incontestables*, vus dans tous les temps et dans tous les lieux, depuis le commencement du monde jusqu'à ce jour, doit être regardée comme un *dogme civil universel*. L'église, dès sa naissance, l'a trouvé établi; elle n'a donc pas jugé devoir en faire un dogme séparé, c'eût été un acte superflu, et l'église ne fait rien d'inutile; mais quand, dans nombre de conciles, depuis ceux de Laodicée, d'Elvire, de Carthage, d'Orléans, tenus dans les premiers siècles, jusqu'à celui de Mayence, en 1549, elle prononce que ce crime provient du commerce avec les Démons: *sortilegia quae detestando malorum daemonum commercio exercentur, omnibus christianis prohibenda, in clericis verò omni pœnarum acerbitate coërcenda censemus*; quand, pour le foudroyer, elle s'exprime ainsi, n'adopte-t-elle pas le dogme civil universel? Ne marque-t-elle pas suffisamment son opinion, et les chrétiens, les fidèles peuvent-ils sans danger, peuvent-ils sans erreur, s'en écarter?

III.

L'Etna, le Vésuve, l'Hécla ne vomissent pas des laves comparables aux fureurs qu'exhaleront dans leurs noirs repaires, contre l'auteur de cet ouvrage, les *démonolâtres et magiciens*; mais quelques armes qu'ils emploient, quelques batteries qu'ils dressent pour le combattre, cet ouvrage, de la lutte il sortira vainqueur. Il reste pour constant que, durant le 18e. siècle, et surtout durant la seconde moitié, il n'est efforts que ces *scélérats* n'aient faits, moyens de séduction qu'ils n'aient pris pour tromper la France sur deux points de doctrine écclésiastique et civile, reçus dans l'univers entier; et qu'il importe infiniment au bonheur du genre humain de connaître, prémièrement la *possibilité*, ensuite la *réalité* du commerce avec les Démons, sur quoi véritablement ils l'ont trompée : *Quod erat demonstrandum*, ce qu'il fallait démontrer.

IV.

Un autre résultat de la vérité principale, démontrée dans cet ouvrage, savoir : la réalité de la communication de certains hommes avec les Démons; c'est que tout livre, toute production tendans à aveugler sur cette communication, doivent être réputés pernicieux, perfides, et leurs auteurs regardés comme trahissant, peut-être sans le savoir, s'ils sont invinciblement ignorans, les plus grands intérêts des Etats dans le sein desquels ils vivent.

C'est dans ce rang qu'il faut placer un pamflet qui parut peu avant 1720, portant pour titre : *histoire de M. Oufle*, et ayant pour auteur un M. l'abbé *Bordelon*, mort en 1730 ; dont on rapporte que, » disant » un jour que ses ouvrages étaient ses pé» chés mortels, un plaisant lui repliqua que » le public en faisait pénitence. »

D'après les vérités que nous venons d'établir, il est évident que le roman de M. *Oufle*, ou, pour mieux dire, de M. l'abbé *Bordelon*, doit rentrer dans la poussière, dont jamais il n'aurait dû sortir. Abstraction faite de la doctrine pestilente, hétérodoxe, insensée, des citations fausses dont ce livre est plein, ce qui le rend digne de l'animadversion et censure de tout tribunal, profane et sacré ; » son style, disent ses » éditeurs, est si diffus et si assommant, » que les compilateurs les plus lourds trouve» raient de quoi s'y ennuyer. »

Le but que s'est proposé ce *Bordelon*, c'est de jeter le ridicule sur ceux qui croient à la magie, et qui auraient le courage de manifester leur croyance ; c'est, en d'autres termes, le but de tromper, d'en imposer, but qui doit dévouer au mépris quiconque se le propose ; mais cette arme du ridicule était choisie, on ne peut pas plus à propos, elle convenait parfaitement au moment où écrivait l'auteur, elle ne pouvait manquer son coup. C'est le moment où Paris avait sous les yeux *des faits* signalés de magie, dont il pouvait deviner le mot, et sur lesquels on pouvait l'éclairer : *les miracles du bienheureux Pâris*, dont déjà nous avons parlé (Voyez page 171 et la note.). « Mal» heureusement chez les Français, dit M. » *de la Chapelle* (p. 440 du Ventriloque.), » un ridicule est beaucoup plus à redouter » qu'un vice. » C'est ce que M. *Bordelon* savait aussi bien que lui, et ce qui certainement ferma la bouche à ceux qui auraient pu réclamer et contre son pamflet, et contre les prétendus miracles.

V.

V. Et remarquons en finissant, que les productions de ce genre, c'est-à-dire, celles où se trouve employée contre la réalité de la magie, cette arme triomphante du ridicule, ont toujours paru précisément dans le temps où les opérations magiques faisaient le plus sensation, quoique non connues pour telles, et étaient le plus multipliées : l'histoire de M. *Oufle*, dans le temps des convulsions et des prodiges du cimetière de *St.-Médard*; l'histoire du *Ventriloque*, dans le temps de ces autres prodiges qui, d'après le récit de M. *de la Chapelle* lui-même (page 12.), *forcèrent des hommes très-éclairés de dire qu'on avait découvert un nouvel agent dans la nature*; des productions postérieures, mais toujours insidieuses, artificieuses, toujours se servant soigneusement de l'arme chérie, aisée à saisir, et commode contre la magie, telles que celles des *Decremps*, des auteurs des *Cérémonies et Coutumes, etc.* dans le temps où le monarque, les grands, la cour, les petits, les savans étaient près d'ouvrir les yeux, et violemment tentés de parler, de publier leur pensée sur des prodiges de même espèce; mais, c'est assez.

ULTIMATUM.

Le plus grand service qu'on puisse rendre à un peuple jaloux de sa gloire, c'est de lui montrer les ennemis souterrains qui ont juré sa ruine, et sous ses fondemens creusent des abymes. Si ce peuple entend, s'il ouvre les yeux, quelque forme de gouvernement qu'il adopte, que l'Etat soit démocratique, aristocratique, monarchique, républicain, sa grandeur est assurée, il verra chez lui la paix, la stabilité, le bonheur; s'il refuse d'entendre, s'il s'obstine à s'aveugler, la vie le fuit, son agonie sonne(1):

---

(1) C'est-à-dire, les *démonolâtres*, les monstres de l'un et de l'autre sexe en commerce avec les Démons, cette espèce d'hommes qu'on appelle aujourd'hui fort improprement des *jacobins*, semeront la discorde, diviseront, massacreront, détruiront; ils organiseront des machines infernales, des comités sanguinaires,

c'est un malade dans le transport, et qui ne laisse point d'espérance.

Achevé d'imprimer, le 1er. Germinal an 11.

Post-scriptum, du même jour.

Qui de 2 ôte 1, reste 1. Quand nous accorderions qu'il est possible, et c'est ce qui ne l'est pas, quand nous accorderions à l'opiniâtre prévention que, sur la totalité des *faits* nombreux cités dans cette brochure, il est possible d'en ôter démonstrativement une moitié à l'intervention des Démons et magiciens. Du moins il est certain qu'il en est une autre moitié, telle que ceux des somnambules, des Mesmer, et des Cagliostro, que, qui que ce soit, n'ôtera jamais à cette exécrable intervention. Cela suffit. Donc, depuis nombre d'années, *des faits magiques* subsistent en France, donc à cet égard la France a été cruellement, a été infiniment trompée. Nous ne cesserons de le lui dire, nous ne cesserons de le répéter : *quod erat demonstrandum*. C. Q. F. D.

---

incendiaires, dévastateurs, contre les gouvernans, contre les gouvernés, contre le gouvernement ; . . . . trop surs, hélas, de leurs coups ! . . . . Et bientôt plus d'état, plus de patrie ! Et peut-être, osons le dire encore, bientôt plus de société, plus de genre humain !

FIN.

www.ingramcontent.com/pod-product-compliance
Lightning Source LLC
Chambersburg PA
CBHW071946110426
42744CB00030B/565

* 9 7 8 2 0 1 2 6 8 1 4 0 8 *